D1722382

Giemulla/Schmid/van Schyndel

Wörterbuch Luftverkehrsrecht
Rechtsdefinitionen in deutsch, englisch,
französisch, russisch

Elmar Giemulla
Ronald Schmid
Heiko van Schyndel

Wörterbuch
Luftverkehrsrecht

Rechtsdefinitionen
in
deutsch,
englisch,
französisch,
russisch

Luchterhand

Die Deutsche Bibliothek – CIP Einheitsaufnahme

Giemulla, Elmar:
Wörterbuch Luftverkehrsrecht : Rechtsdefinitionen in deutsch, englisch, französisch, russisch / Elmar Giemulla ; Ronald Schmid ; Heiko van Schyndel. – Neuwied ; Kriftel ; Berlin : Luchterhand, 1997
   ISBN 3-472-02421-6

Umschlaggestaltung: Andreas Ruers, TypoGrafikText Wiesbaden.
Satz: Satz- und Verlags-Gesellschaft mbH, Darmstadt.
Druck und Bindung: Wilhelm & Adam, Heusenstamm.
Printed in Germany, Oktober 1997.

Gedruckt auf säurefreiem, alterungsbeständigem und chlorfreiem Papier.

Inhaltsverzeichnis

Vorwort

Die Idee zu diesem Buch ist in der Praxis entstanden.

Zunehmend werden in der Luftfahrt Begriffe verwendet, von denen bekannt ist, daß sie in einer EU-Vorschrift definiert und dort besonderer Regelung unterworfen sind. Allerdings weiß man häufig nicht, welche Vorschrift dies ist und schon gar nicht, wie der betreffende Begriff dort definiert ist. Hieraus ergibt sich immer wieder die Gefahr von Mißverständnissen und Fehlschlüssen, wenn mit Begriffen andere Assoziationen hervorgerufen werden als beabsichtigt. Dieses Problem wird noch dadurch verstärkt, daß es für eine Reihe von Luftfahrtbegriffen mittlerweile nicht nur eine einzige, sondern mehrere Definitionen in verschiedenen EU-Vorschriften gibt, die zudem zum Teil mittlerweile bereits wieder außer Kraft getreten sind, wie z. B. die Begriffe *Linienflugverkehr* oder *computergesteuertes Buchungssystem*. Dies macht es selbst für Kenner der Materie nicht immer leicht, den Überblick zu behalten.

Das vorliegende Wörterbuch will hier Abhilfe schaffen. Es enthält die wichtigsten Luftfahrtbegriffe, wie sie in den EU-Vorschriften verwendet und definiert werden. Damit ermöglicht es dem Leser, einen Begriff treffend zu gebrauchen, ohne davor den Text der jeweiligen EU-Vorschrift zu Rate ziehen zu müssen. Da diese Begriffe zudem in mehreren Sprachen genannt und definiert sind, dient das Buch auch als zielgerichtete Übersetzungshilfe bei der Abfassung oder Lektüre fremdsprachiger Texte.

Die Fundstellenverzeichnisse auf die jeweiligen EU-Vorschriften versetzen den Leser schließlich in die Lage, sich dort über die Regelungen zu informieren, in denen der jeweilige Begriff eine Rolle spielt.

Verlag und Herausgeber haben sich schließlich auch für die Veröffentlichung eines russischen Teils entschieden, obwohl Rußland bekanntlich kein EU-Mitglied und Russisch keine EU-Amtssprache ist. Dies scheint jedoch deshalb sinnvoll zu sein, weil Rußland sich zunehmend an der EU und ihren Vorschriften orientiert. Für ihre Hilfestellung bei der Besorgung der Übersetzung ins Russische danken wir Frau Jelena Hagemeister und Frau Dr. Ines van Schyndel.

Wir hoffen, daß das Wörterbuch von der Praxis angenommen wird. Auf Anregungen sind wir bei diesem Experiment geradezu angewiesen. Hierum möchten wir die Benutzer ausdrücklich bitten.

Berlin, im September 1997   Die Autoren

Foreword

The idea for this book was born of experience.

In the field of aviation more and more terms are used which are known to be subject to specific interpretation according to various EU-directives. However, the user is very often not aware of the particular directive, let alone of the exact wording of the definition.

This increases the danger of misunderstanding and misinterpretation. In addition there are a number of aviation terms for which there are more than one definition in different EU-directives. Some are even not in force any more, e. g. the terms *scheduled traffic* or *computerized reservation system*. This makes it difficult, even for an expert, to keep track of the situation.

This dictionary is designed to help remedy the matter. It contains the most important aviation terms, how they are used and defined in the EU-directives. It enbales the reader to use a term accurately even without prior consultation of the text of the individual EU-directive before. Since these terms are defined in several languages the book can also be used a dedicated translation aid when writing or reading foreign language texts.

Last not least, the references to the individual EU-directives enables the reader to cross-check the exact original context in which each of the terms are to be interpreted.

The publisher and editors have also decided to publish a Russian section although – as everyone knows – Russia is not an EU-member and, consequently, Russian is not an official EU-language. However, this makes sense in the light of the fact that Russia in increasingly leaning towards the EU and its directives.

We would like to thank Ms Jelena Hagemeister and Ms Dr. Ines van Schyndel for their invaluable help with the translation into Russian.

We sincerely hope that the book becomes a useful tool in practice. In this respect we would expressly encourage its readers to contact the publishers and/or editors with any suggestions and/or critical comment in the interest of further developing this experiment.

Avant-propos

L'idée de créer le présent dictionnaire est née grâce à la practique.

Dans le domaine de l'aviation, on utilise de plus en plus des termes dont on sait qu'ils sont definies par les règlements de l'EU et qui en donnent des significations particulières. Toutefois, c'est assez souvent qu'on n'et pas sûr de quel règlement il s'agit et, d'autant plus, de quelle manière le terme est definie. Tout cela implique le risque de malentendus et de conclusions erronnés si les termes provoquent d'autres associations que prévu. Ce problème est aggravé par le fait que pour toute une série de termes de l'aviation il y a, aujourd'hui, plusiers définitions dans différents règlements de l'EU, dont une partie est, entre-temps, n'est plus en vigueur, p. e. les termes *service aérien régulier* ou *système informatisé de réservation* – une situation qui, même pour le spécialiste, est difficile à contrôler.

Le présent dictionnaire en veut être un remède. Il contient les plus importants termes de l'aviation qui sont utilisés et définies dans les règlements de l'EU. Grâce au dictionnaire, il est possible d'utiliser un terme précis sans être obligé de consulter d'abord le texte du règlement de l'EU concerné. Le dictionnaire aide, en même temps, à la composition ou la traduction de textes en langues étrangères car les termes sont énumérés et définies en allemand, anglais, français et russe.

C'est grâce à l'indication des règlements de l'EU en tant que sources des termes respectifs que l'utilisateur est à même de s'y informer des règlements dans lesquels le terme en question joue un rôle.

L'edition et nous, les auteurs, ont décidé d'incorporer une partie russe dans le présent dictionnaire, même si la Russie, comme on sait, n'adhère pas à l'EU et le Russe n'en est pas langue officielle, parce que la Russie, d'autre part, s'oriente de plus en plus à l'EU et ses règlements.

Nous offrons nos remerciements pour la traduction russe à Mme Jelena Hagemeister et Mme Dr. Ines van Schyndel.

Nous espérons que ce dictionnaire sera accepté par le public, et nous invitons les lecteurs expressément à la critique et au commentaire dont nous avons absolument besoin dans le cadre de cet expérience.

Предисловие

Идея этой книги родилась во время практической работы.

В авиации все больше и больше применяются авиационные термины, о которых известно, что они определяются в каком-то предписании ЕС и подлежат определенному регулированию. Однако невозможно вспомнить, какое это предписание и тем более, как этот термин там определен.

В этом случае существует опасность разночтений и неправильных выводов, если понятия вызывают неправильные ассоциации. Эта проблема усугубляется еще и тем, что для многих авиационных терминов существует не одно, а множество определений в различных предписаниях ЕС, которые к тому же отчасти уже отменены, как, например, понятия регулярное воздушное сообщение или компьютерная система бронирования. Даже для знатока материи не всегда легко ориснтироватbся.

Настоящий словарь преследует цель облегчить сложившуюся ситуацию. В нем содержатся самые важные авиационные термины в том виде, как они определены и применяются в предписаниях ЕС. Это позволит читателю правильно применять термины, не сверяясь предварительно с текстом предписаний ЕС. С помощью перевода названий и определений этих терминов на многие языки эта книга служит также целенаправленным пособием для перевода при составлении или чтении иностранных текстов.

Ссылки на соответствующие предписания ЕС предоставляют наконец читателю возможность осведомиться о положениях, в которых данное понятие играет роль.

Издательство и авторы решились, в конце концов, опубликовать также и часть на русском языке, несмотря на то, что Россия не является членом ЕС, и русский, поэтому, не официальный язык ЕС. Это представляется целесообразным с той точки зрения, что Россия все больше ориентируется на ЕС и его предписания. Нам хотелось бы выразить благодарность за содействие в организации перевода на русский язык госпоже Елене Хагемайстер (Jelena Hagemeister) и госпоже д-ра Инес Ван Шиндель (Dr. Ines van Schyndel).

Мы надеемся, что данный словарь найдет признание на практике. При этом эксперименте мы, как можно выразиться, нуждаемся в рекомендациях и советах. Об этом нам хотелось бы попросить читателей.

Übersicht über die Rechtsakte der Gemeinschaftsorgane

Richtlinie des Rates vom 25. Juli 1983 über die Zulassung des interregionalen Linienflugverkehrs zur Beförderung von Personen, Post und Fracht zwischen den Mitgliedstaaten (834/416/EWG)
(Abl. EG Nr. L 237)

Richtlinie des Rates vom 14. Dezember 1987 über Tarife im Fluglinienverkehr zwischen Mitgliedstaaten (87/601/EWG)
(ABl. EG Nr. L 374)

Verordnung (EWG) Nr. 2672/88 der Kommission vom 26. Juli 1988 zur Anwendung von Artikel 85 Absatz 3 des Vertrages auf Vereinbarungen zwischen Unternehmen über computergesteuerte Buchungssysteme für den Luftverkehr
(ABl. EG Nr. L 239)

Verordnung (EWG) Nr. 2299/89 des Rates vom 24. Juli 1989 über einen Verhaltenskodex im Zusammenhang mit computergesteuerten Buchungssystemen
(ABl. EG Nr. L 220)

Richtlinie des Rates vom 13. Juni 1990 über Pauschalreisen (90/314/EWG)
(ABl. EG Nr. L 158)

Verordnung (EWG) Nr. 2342/90 des Rates vom 24. Juli 1990 über Tarife im Linienflugverkehr
(ABl. EG Nr. L 217)

Verordnung (EWG) Nr. 83/91 der Kommission vom 5. Dezember 1990 zur Anwendung von Artikel 85 Absatz 3 des Vertrags auf Vereinbarungen zwischen den Unternehmen über computergesteuerte Buchungssysteme für den Luftverkehr
(ABl. EG Nr. L 10)

Verordnung (EWG) Nr. 295/91 des Rates vom 4. Februar 1991 über eine gemeinsame Regelung für ein System von Ausgleichsleistungen bei Nichtbeförderung im Linienflugverkehr
(ABl. EG Nr. L 36)

Richtlinie des Rates vom 16. Dezember 1991 zur gegenseitigen Anerkennung von Erlaubnissen für Luftfahrtpersonal zur Ausübung von Tätigkeiten in der Zivilluftfahrt (91/670/EWG)
(ABl. EG Nr. L 373)

Verordnung (EWG) Nr. 1823/92 der Kommission vom 3. Juli 1992 zur Durchführung der Verordnung (EWG) Nr. 3925/91 des Rates über die Abschaffung von Kontrollen und Förmlichkeiten für Handgepäck oder aufgegebenes Gepäck auf einem innergemeinschaftlichen Flug sowie für auf einer innergemeinschaftlichen Seereise mitgeführtes Gepäck
(ABl. EG Nr. L 185)

Verordnung (EWG) Nr. 2407/92 des Rates vom 23. Juli 1992 über die Erteilung von Betriebsgenehmigungen an Luftfahrtunternehmen
(ABl. EG Nr. L 240)

Verordnung (EWG) Nr. 95/93 des Rates vom 18. Januar 1993 über gemeinsame Regeln über die Zuweisung von Zeitnischen auf Flughäfen in der Gemeinschaft (ABl. EG Nr. L 14)

Richtlinie 93/13/EWG des Rates vom 5. April 1993 über mißbräuchliche Klauseln in Verbraucherverträgen (ABl. EG Nr. L 95)

Verordnung (EWG) Nr. 3652/93 der Kommission vom 22. Dezember 1993 zur Anwendung von Artikel 85 Absatz 3 des Vertrages auf bestimmte Gruppen von Vereinbarungen zwischen Unternehmen über computergesteuerte Buchungssysteme für den Luftverkehr (ABl. EG Nr. L 333)

Richtlinie 94/56/EG des Rates vom 21. November 1994 über Grundsätze für die Untersuchung von Unfällen und Störungen in der Zivilluftfahrt (ABl. EG Nr. L 319)

Index of Measures adopted by the EC

Council Directive of 25 July 1983 concerning the authorization of scheduled interregional air services for the transport of passengers, mail and cargo between Member States (83/416/EEC)
(OJ No L 237)

Council Directive of 14 December 1987 on fares for scheduled air services between Member Staates (87/601/EEC)
(OJ No L 374)

Commission Regulation (EEC) No 267/2/88 of 26 July 1988 on the application of Article 85(3) on the Treaty to certain categories of agreements between undertakings relating to computer reservation systems for air transport services
(OJ No L 239)

Council Regulation (EEC) No 2299/89 of 24 July 1989 on a code of conduct for computerized reservation systems
(OJ No L 220)

Council Directive of 13 June 1990 on package travel, package holidays and package tours (90/314/EEC)
(OJ No L 158)

Council Regulation (EEC) No 2342/90 of 24 July 1990 on fares for scheduled air services
(OJ No L 217)

Commission Regulation (EEC) No 83/91 of 5 December 1990 on the application of Article 85(3) of the Treaty to certain categories between undertakings relating to computer reservation air transport services
(OJ No L 10)

Council Regulation (EEC) No 295/91 of 4 February 1991 establishing common rules for a denied-boarding compensation system in scheduled air transport
(OJ No L 36)

Council Directive of 16 December 1991 on mutual acceptance of personnel licences for the exercise of functions in civil aviation (91/670/EEC)
(OJ No L 373)

Commission Regulation (EEC) No 1823/92 of 3 July 1992 laying detailed rules for the application of Council Regulation (EEC) No 3925/91 concerning the elimination of controls and formalities applicable to the cabin and hold baggage of persons taking an intra-Community flight and the baggage of persons making an intra-Community sea crossing
(OJ No L 185)

Council Regulation (EEC) No 2407/92 of 23 July on licensing of air carriers
(OJ No L 240)

Council Regulation (EEC) No 95/93 of 18 January 1993 on common rules for the allocation of slots of Community airports
(OJ No L 14)

Council Directive 83/13/EEC of 5 April 1993 of unfair terms in consumer contracts
(OJ No L 95)

Commission Regulation (EC) No 3652/93 of 22 December 1993 on the application of Article 85(3) ot the treaty to certain categories of agreements between undertakings relating to computerized reservation systems for air transport services
(OJ No L 333)

Council Directive of 21 November 1994 established the fundamental principles governing the investigation of civil aviation accidents and incidents (No 94/56/EC)
(OJ No L 319)

Index de mésures admis par la Communauté Européenne

Directive du Conseil du 25 juillet 1983 concernent l'autorisation de services aériens réguliers interrégionaux pour le transport de passagers, d'articles postaux et de fret entre États membres (83/416/CEE)
(JO n° L 237)

Directive du Conseil du 14 décembre 1987 sur les tarifs des services aériens réguliers entre États membres (87/601/CEE)
(JO n° L 374)

Règlement (CEE) n° 267/88 de la Commission du 26 juillet 1988 concernant l'application de l'article 85 paragraphe 3 du traité de réservation informatisés pour les services de transport aérien
(JO n° L 239)

Règlement (CEE) n° 2299/89 du Conseil du 24 juillet 1989 instaurant un code de conduite pour l'utilisation de systèmes informatisés de réservation
(JO n° L 220)

Directive du Conseil du 13 juin 1990 concernant les voyages, vacances et circuits à forfait (90/314/CEE)
(JO n° L 158)

Règlement (CEE) n° 2342/90 du Conseil du 24 juillet 1990 sur les tarifs des services aériens réguliers
(JO n° L 217)

Règlement (CEE) n° 83/91 de la Commission du 5 décembre 1990 concernant l'application de l'article 85 paragraphe 3 du traité à des catégories d'accords entre entreprises portant sur des systèmes de réservation informatisés pour les services de transport aérien
(JO n° L 10)

Règlement (CEE) n° 295/91 du Conseil du 4 février 1991 relatif au fonctionnement des services de fret aérien entre États membres
(JO n° L 36)

Règlement (CEE) n° 3921/91 du Conseil du 16 décembre 1991 fixant les conditions de l'admission de transporteurs non résidents aux transports nationaux de marchandises ou de personnes par voie navigable dans un États membre
(JO n° L 373)

Règlement (CEE) n° 1823/92 de la Commission du 3 juillet 1992 portant modalités d'application du réglement (CEE) n° 3925/91 du Conseil relatif à la suppression des controles et formalités applicables aux bagages à main et aux bagages de soute des personnes effectuant un vol intracommunautaire ainsi qu'aux bagages des personnes effectuant une traversée maritime intracommunautaire
(JO n° L 185)

Règlement (CEE) n° 2407/92 du Conseil du 23 juillet 1992 concernant les licences des transporteurs aériens
(JO n° L 240)

Règlement (CEE) n° 95/93 du Conseil du 18 janvier 1993 fixant des règles communes en ce qui concerne l'attribution des créneaux horaires dans les aéroports de la Communauté
(JO n° L 14)

Directive 93/13/CEE du Conseil du 5 avril 1993 concernant les clauses abusives dans les contrats conclus avec les soncommateurs
(JO n° L 95)

Règlement (CEE) n° 3652/93 de la commission du 22 décembre 1993 concernant l'application de l'article 85 paragraphe 3 du traité à des catégories d'accords entre entreprises portant sur des systèmes informatisés de réservation pour les services de transports aérien
(JO n° L 333)

Directive 94/56/CEE du Conseil du 21 novembre 1994 établissant les principes fondamentaux régissant les enquetes sur les accidents et les incidents dans l'aviation civile
(JO n° L 319)

Обзор правовыых актов органов Сообщества

Директива Совета от 25-го июля 1983 года о лицензировании межрегионального воздушного сообщения для перевозки лиц, почты и грузов между государствами-членами Сообщества (83/416/ЕЭС - отменена)
(ОЖ ЕС № L 237)

Директива Совета от 14-го декабря 1987 года о тарифах в регулярном воздушном сообщении между государствами-членами Сообщества (87/601/ЕЭС - отменена)
(ОЖ ЕС № L 374)

Постановление (ЕЭС) № 2672/88 Комиссии от 26-го июля 1988 по применению абзаца 3 статьи 85 Договора в отношении соглашений между предприятиями о компьютерных системах бронирования для воздушного сообщения (отменено)
(ОЖ ЕС № L 239)

Постановление (ЕЭС) № 2299/89 Комиссии от 24-го июля 1989 года о кодексе поведения в связи с компьютерными системами бронирования
(ОЖ ЕС № L 220)

Директива Совета от 13-го июня 1990 года о паушальных поездках (90/314/ЕЭС)
(ОЖ ЕС № L 158)

Постановление (ЕЭС) № 2342/90 Комиссии от 24-го июля 1990 года о тарифах в регулярном воздушном сообщении (отменено)
(ОЖ ЕС № L 220)

Постановление (ЕЭС) № 83/91 Комиссии от 5-го декабря 1990 года по применению абзаца 3 статьи 85 Договора в отношении соглашений между предприятиями о компьютерных системах бронирования для воздушного сообщения (отменено)
(ОЖ ЕС № L 10)

Постановление (ЕЭС) № 295/91 Комиссии от 4-го февраля 1991 года о регулировании системы компенсационных мер в случае отказа в предоставлении места на самолет в регулярном воздушном сообщении
(ОЖ ЕС № L 36)

Директива Совета от 16-го декабря 1991 года о взаимном признании разрешений для авиационного персонала, дающих право на осуществление своей деятельности в гражданской авиации (91/670/ЕЭС)
(ОЖ ЕС № L 373)

Постановление (ЕЭС) № 1823/92 Комиссии от 3-го июля 1992 года по применению Постановления (ЕЭС) № 3925/91 Комиссии об отмене контроля и формальностей в отношении ручной клади и сданного багажа на полетах в рамках Сообщества, а также в отношении провозимого вместе с пассажиром багажа при морских перевозках в рамках Сообщества
(ОЖ ЕС № L 185)

Постановление (ЕЭС) № 2407/92 Совета от 23-го июля 1992 года о выдаче авиационным предприятиям сертификата эксплуатанта
(ОЖ ЕС № L 240)

Постановление (ЕЭС) № 95/93 Совета от 18-го января 1993 года о б общих правилах выделения временных интервалов авиационным перевозчикам в аэропортах Сообщества
(ОЖ ЕС № L 14)

Директива Совета 93/13/ЕЭС от 5-го апреля 1993 года о положениях в договорах с потребителями, подвергаемых злоупотреблениям
(ОЖ ЕС № L 95)

Постановление (ЕЭС) № 3652/93 Комиссии от 22-го декабря 1993 года по применению абзаца 3 статьи 85 Договора в отношении определенных групп соглашений между предприятиями о компьютерных системах бронирования для воздушного сообщения
(ОЖ ЕС № L 333)

Директива 94/56/ЕС Совета от 21-го ноября 1994 года о принципах расследования несчастных случаев и инцидентов в гражданской авиации
(ОЖ ЕС № L 319)

Zum Aufbau und zur Benutzung dieses Buches

- Unter der Definition zu jedem Stichwort finden Sie zunächst einen Verweis auf das Amtsblatt der EG sowie auf die Textsammlung *Europäisches Luftverkehrsrecht* der Autoren Giemulla/Schmid/Mölls – abgekürzt G/S/M, Europ. LVR, B I 1.4. Die alphanumerische Bezeichnung gibt das Kapitel an. Diesen beiden Quellen sind die Begriffe entnommen.

- Jede Erläuterung endet mit einem Hinweis auf die Übersetzungen (→) in die drei Fremdsprachen. Bei zusammengesetzten Termini zeigt die kursive Schrift das Wort an, unter dem sie alphabetisch in den Fremdsprachen zu finden sind.

- Die kursiven Anmerkungen der Redaktion in eckigen Klammern geben Ihnen die Fundstelle für das Nachschlagen von Textstellen an, auf die sich manche Definitionen beziehen. Ein Beispiel: Die Erklärung zu »Flexibilitätszone« behandelt Fluglinientarife, welche die Bedingungen des Anhangs II erfüllen. Vom Abdruck des Anhangs wie auch anderer ergänzender Informationen mußten Herausgeber und Verlag absehen, um das Format des Wörterbuchs nicht zu sprengen.

- Sofern die Erklärung einen Begriff verwendet, der selbst als Stichwort im Wörterbuch enthalten ist, finden Sie einen Verweis [→ Linienflugverkehr].

- Einige Begriffe sind Gegenstand mehrerer Definitionen, wobei der Wortlaut der verschiedenen Erläuterungen nur wenig variiert. Dies resultiert aus der Tatsache, daß die einzelnen Richtlinien unterschiedliche Regelungsbereiche betreffen.

- Bitte beachten Sie bei der französischen Definition »produit de transport aérien«, daß im Französischen offenbar nicht zwischen gebündeltem und ungebündeltem Luftverkehrsprodukt unterschieden wird.

How to use this book

- Under the definition of each headline term you will find the appropriate reference to the official journal of the EU and the text-collection "European Air Law" edited by Giemulla/Schmid/Mölls – abbreviated G/S/M, Europ. LVR. The alphanumeric reference indicates the chapter. The terms have been collected from these two sources.

- Each definition ends up with a reference to the translations (→) into the other three languages. If a term consists of more than one word the italic letters indicate the word under which the term can be found in the foreign languages.

- The italic comments of the publisher in square brackets are to help locate the parts of the text referred to by the definitions. An example: The explanation of "flexibility zones" deals with tarifs for scheduled flights which meet the conditions of Annex II. Annex II is not quoted in this book but is found in the official journal of the EU cited in brackets.

- If an explanation uses a term which is one of the headline terms there is a respecitve cross-reference (→ scheduled traffic).

- Some terms have several definitions which are sometimes quite similar. This results from the fact that the individual regulations sometimes use the same term but deal with different subjects.

Structure et utilisation

● La définition du terme est suivie d'abord d'une référence au Journal officiel de la Communaute Européenne ainsi qu'à l'œuvre de Giemulla/Schmid/Mölls «Europäisches Luftverkehrsrecht» – abrév. G/S/M, Europ. LVR, la dénomination alphanumérique indiquant le chapitre. Les termes sont originaires de ce deux sources.

● Chaque explication se termine par une référence à la traduction (→) en les trois autres langues. Dans le cas de termes composés la cursive indique le mot représentant le terme dans l'ordre alphabétique dans les autres langues.

● Les remarques de la rédaction imprimées en italiques et entre crochets aident à la recherche des textes qui sont à l'origine de certaines définitions. Exemple: La notion de *tarifs aériens* qui répondent aux conditions de l'annexe II fait partie de l'explication de *zone de flexibilité*. Les auteurs et l'édition ont du renoncer à la reproduction de cet annexe et d'autres informations supplémentaires ce qui sortirait du cadre d'un dictionnaire. La réference à «ce règlement» vise à la source du terme au Journal officiel.

● Dans les cas où l'explication contient un mot qui est mentionné en tant que terme dans le dictionnaire, ce mot est suivi par une référence marquée par une flèche (→ *service aérien règulier*).

● Quelques termes sont objet de plusieurs définitions dont les textes ne varient que très peu. Cela résulte du fait que les règlements traitent différents domaines.

A

• Abonnent

Ein anderes Unternehmen als ein teilnehmendes Luftfahrtunternehmen, das innerhalb des Gemeinsamen
Marktes aufgrund eines Vertrages mit einem Systemverkäufer oder einem Vertreiber ein computergesteuertes Buchungssystem für den Verkauf von Luftverkehrsleistungen an jedermann benutzt.

(ABl. EG Nr. L 239 vom 30. 8. 1988, S. 13; G/S/M,
Europ. LVR, B I 2.2)

→ *subscriber* (engl.)

→ *abonné* (frz.)

→ *Абонент* (russ.)

• Anerkennung von Erlaubnissen

Die Genehmigung, die in einem Mitgliedstaat ausgestellte Erlaubnis gemäß den damit verbundenen Rech-
ten an Bord eines in einem anderen Mitgliedstaat eingetragenen Luftfahrzeugs zu verwenden.

(ABl. EG Nr. L 373 vom 31. 12. 1991, S. 21; G/S/M,
Europ. LVR, B II 1.5)

→ *recognition* (engl.)

→ *recognition; reconnaissance* (frz.)

→ *Признание* (russ.)

Jede Art von Anerkennung oder Gültigerklärung einer
von einem Mitgliedstaat ausgestellten Erlaubnis sowie

der damit verbundenen Rechte und Bescheinigungen durch einen anderen Mitgliedstaat. Die Anerkennung, die auch durch die Ausstellung einer nationalen Erlaubnis erfolgen kann, darf nicht für einen längeren Zeitraum als die Geltungsdauer der ursprünglichen Erlaubnis erfolgen.

(ABl. EG Nr. L 373 vom 31. 12. 1991, S. 21; G/S/M, Europ. LVR, B II 1.5)

→ *acceptance* of licences (engl.)

→ *acceptation* de licence (frz.)

→ *Признание разрешений* (russ.)

• **Arbeitszeit**

Jede Zeitspanne, während der ein Arbeitnehmer gemäß den einzelstaatlichen Rechtsvorschriften und/oder Gepflogenheiten arbeitet, dem Arbeitgeber zur Verfügung steht und seine Tätigkeit ausübt oder Aufgaben wahrnimmt.

(ABl. EG Nr. L 307 vom 13. 12. 1993, S. 18; G/S/M, Europ. LVR, B IV 1.6).

→ *working* time (engl.)

→ *temps* de travail (frz.)

→ *Рабочее время* (russ.)

• Ausrüstung

Ein Instrument, eine Vorrichtung, ein Mechanismus, ein Gerät oder ein Zubehörteil, der/die/das für den Flugbetrieb eines Luftfahrtzeugs verwendet wird bzw. verwendet werden soll und in ein Zivilluftfahrzeug eingebaut ist bzw. angebaut werden soll, oder an ein Zivilluftfahrzeug angebaut ist bzw. angebaut werden soll ohne jedoch Teil einer Flugzeugzelle, eines Motors oder eines Propellers zu sein.

(ABl. EG Nr. L 373 vom 31. 12. 1991, S. 4; G/S/M, Europ. LVR, B II 1.6)

→ *appliance* (engl.)

→ *équipement* (frz.)

→ *Оборудование* (russ.)

• Bauteil

Ein Material, eine Komponente oder eine Unterbaugruppe, das/die in den *Definitionen der Buchstaben b) [→ Erzeugnis]* und *c) [→ Ausrüstung]* nicht erfaßt wird und für Luftfahrzeuge, Motoren, Propeller oder Ausrüstungen der Zivilluftfahrt bestimmt ist.

(ABl. EG Nr. L 373 vom 31. 12. 1991, S. 4; G/S/M, Europ. LVR, B II 1.6)

→ *component* (engl.)

→ *élément* (frz.)

→ *Элемент конструкции* (russ.)

B

• abonnierter **Benutzer**

Eine Person oder ein nicht als teilnehmendes Luftfahrtunternehmen geltendes Unternehmen, die bzw. das aufgrund einer vertraglichen oder sonstigen Vereinbarung mit einem Systemverkäufer die Vertriebsmöglichkeiten eines CRS für Luftverkehrsprodukte nutzt.

(ABl. Nr. L 220 vom 29. 7. 1989, S. 1; G/S/M, Europ. LVR, B I 1.8)

Eine Person oder ein Unternehmen, das kein teilnehmendes Luftfahrtunternehmen ist und aufgrund einer vertraglichen oder sonstigen Vereinbarung mit einem Systemverkäufer oder einem Vertriebshändler ein computergesteuertes Buchungssystem für den Verkauf von Luftverkehrsleistungen an Einzelpersonen benutzt.

(ABl. EG Nr. L 10 vom 15. 1. 1991, S. 9; G/S/M, Europ. LVR, B I 2.6)

Eine Person oder ein Unternehmen mit Ausnahme von teilnehmenden Luftfahrtunternehmen, die/das die Vertriebseinrichtungen eines computergesteuerten Buchungssystems für Luftverkehrsprodukte aufgrund einer vertraglichen oder sonstigen Vereinbarung mit einem Systemverkäufer nutzt.

(ABl. EG Nr. L 333 vom 31. 12. 1993, S. 37; G/S/M, Europ. LVR, B I 2.14)

→ *subscriber* (engl.)

→ *abonné* (frz.)

→ *Абонентный пользователь* (russ.)

• Berechtigung

Ein Vermerk in einer Erlaubnis oder in einem gesonderten Dokument, der besondere Bedingungen, Rechte oder Einschränkungen im Zusammenhang mit dieser Erlaubnis festlegt.

(ABl. EG Nr. L 373 vom 31. 12. 1991, S. 21; G/S/M, Europ. LVR, B II 1.5)

→ *rating* (engl.)

→ *qualification* (frz.)

→ *Квалификационная отметка* (russ.)

• Betriebsgenehmigung

Eine Genehmigung, die einem Unternehmen vom zuständigen Mitgliedstaat erteilt wird und das Unternehmen je nach den Angaben in der Genehmigung berechtigt, Fluggäste, Post und/oder Fracht im gewerblichen Luftverkehr zu befördern.

(ABl. EG Nr. L 240 vom 24. 8. 1992, S. 1; G/S/M, Europ. LVR, B II 1.8)

→ *operating* licence (engl.)

→ *licence* d'exploitation (frz.)

→ *Сертификат эксплуатанта* (russ.)

B

• Bezugstarif

Der normale Fluglinientarif in der Economy-Klasse, der von einem Luftfahrtunternehmen der dritten oder vierten Freiheit auf der betreffenden Strecke angewendet wird; gibt es mehr als einen solchen Tarif, so ist das Durchschnittsniveau zugrunde zu legen, sofern keine anderweitigen bilateralen Vereinbarungen bestehen; gibt es keinen normalen Economy-Tarif, so ist vom niedrigsten völlig flexiblen Tarif auszugehen.

(ABl. EG Nr. L 374 vom 31. 12. 1987, S. 12; G/S/M, Europ. LVR, B I 1.6)

Der normale Linienflugtarif für den einfachen Flug bzw. für den Hin- und Rückflug in der Economy-Klasse, der von einem Luftverkehrsunternehmen der dritten oder vierten Freiheit auf der betreffenden Strecke angewendet wird; gibt es mehr als einen solchen Tarif, so ist das arithmetische Mittel aller Tarife dieser Art zugrunde zu legen, sofern keine anderweitigen bilateralen Vereinbarungen bestehen; gibt es keinen normalen Economy-Tarif, so ist vom niedrigsten völlig flexiblen Tarif auszugehen.

(ABl. Nr. L 217 vom 11. 8. 1990, S. 1; G/S/M, Europ. LVR, B I 1.9)

→ *reference* fare (engl.)

→ *tarif* de référence (frz.)

→ *Основюй тариф* (russ.)

• bestätigte Buchung

Ein vom Luftfahrtunternehmen oder dessen genehmigten Reisevermittlern verkaufter Flugschein, der folgende Angaben enthält:

– Nummer, Datum und Uhrzeit des Fluges sowie

– den Vermerk »OK« oder einen sonstigen Vermerk in dem dafür vorgesehenen Feld des Flugscheins, durch den das Luftfahrtunternehmen anzeigt, daß es die Buchung erfaßt und förmlich bestätigt hat.

(ABl. EG Nr. L 36 vom 8. 2. 1991, S. 5; G/S/M, Europ. LVR, B I 1.13)

→ confirmed *reservation* (engl.)

→ *réservation* confirmée (frz.)

→ *Подтвержденное бронирование* (russ.)

C

• Charterpreise

In Ecu oder in Landeswährung ausgedrückte Preise, die von Fluggästen für Dienstleistungen, die in ihrer Beförderung und der ihres Gepäcks im Flugverkehr bestehen oder diese einschließen, an Charterer zu zahlen sind sowie etwaige Bedingungen, unter denen diese Preise gelten, einschließlich des Entgelts und der Bedingungen, die Agenturen und anderen Hilfsdiensten geboten werden.

(ABl. EG Nr. L 240 vom 24. 8. 1992, S. 15; G/S/M, Europ. LVR, B I 1.16)

→ *charter* fares (engl.)

→ *tarif* charter (frz.)

→ *Чартерные тарифы* (russ.)

• Computergesteuertes Buchungssystem (CRS)

Ein computergestütztes System, das unter anderem Angaben über

– Flugpläne,

– verfügbare Sitzplätze,

– Flugpreis und

– verwandte Leistungen von Luftfahrtunternehmen enthält und eventuell die Möglichkeit bietet,

– Buchungen vorzunehmen oder

– Flugscheine auszustellen,

soweit abonnierten Benutzern einige oder alle Leistungen dieses Systems verfügbar gemacht werden.

(ABl. Nr. L 220 vom 29. 7. 1989, S. 1; G/S/M, Europ. LVR, B I 1.8)

Ein System, das Informationen über Flugpläne, Tarife, verfügbare Sitzplätze sowie verwandte Leistungen liefert und mit dem Buchungen vorgenommen oder Flugscheine ausgestellt werden können.

(ABl. EG Nr. L 239 vom 30. 8. 1988, S. 13; G/S/M, Europ. LVR, B I 2.2)

Ein System, das Informationen über Flugpläne, Tarife, verfügbare Sitzplätze sowie verwandte Leistungen von Luftfahrtunternehmen im Linienverkehr oder außerplanmäßig liefert und mit dem Buchungen vorgenommen oder Flugscheine ausgestellt werden können oder beides, soweit alle oder bestimmte Leistungen für Abonnenten angeboten werden.

(ABl. EG Nr. L 10 vom 15. 1. 1991, S. 9; G/S/M, Europ. LVR, B I 2.6)

Ein automatisiertes System, das u. a. Angaben über

– Flugpläne,

– das Sitzplatzangebot,

– Flugpreis und

– verbundene Leistungen

von Luftfahrtunternehmen enthält und Einrichtungen enthalten kann, mit denen

C

– Buchungen vorgenommen oder

– Flugscheine ausgestellt werden können,

soweit abonnierten Benutzern einige oder alle Leistungen dieses Systems verfügbar gemacht werden.

(ABl. EG Nr. L 333 vom 31. 12. 1993, S. 37; G/S/M, Europ. LVR, B I 2.14)

→ *computerized* reservation system (CRS) (engl.)

→ *système* informatisé de réservation (SIR) (frz.)

→ *Компьютерная система бронирования* (russ.)

• Einzelstaatliche Abweichungen

Eine einzelstaatliche Vorschrift oder Regelung, die von einem Land zusätzlich oder anstelle einer JAR eingeführt wird.

(ABl. EG Nr. L 373 vom 31. 12. 1991, S. 4; G/S/M, Europ. LVR, B II 1.6)

→ *national* variant (engl.)

→ *variante* nationale (frz.)

→ *Национальные особенности* (russ.)

• Endziel

Der Zielort auf dem am Meldeschalter vorgelegten Flugschein bzw. bei aufeinanderfolgenden Flügen der Zielort auf dem letzten Flugscheinabschnitt. Anschlußflüge, die trotz einer durch Nichtbeförderung verursachten Verspätung ohne weiteres erreicht werden können, bleiben unberücksichtigt.

(ABl. EG Nr. L 36 vom 8. 2. 1991, S. 5; G/S/M, Europ. LVR, B I 1.13)

→ *final* destination (engl.)

→ *destination* finale (frz.)

→ *Место назначения* (russ.)

E

• Erlaubnis

Eine gültige Urkunde, die von einem Mitgliedstaat für die Zulassung zur Ausübung von Tätigkeiten von Luftfahrtpersonal an Bord eines in einem Mitgliedstaat eingetragenen zivilen Luftfahrzeugs ausgestellt wird.

Diese Begriffsbestimmung schließt auch Berechtigungen ein, die Teil der Erlaubnis sind.

(ABl. EG Nr. L 373 vom 31. 12. 1991, S. 21; G/S/M, Europ. LVR, B II 1.5)

→ *licence* (engl.)

→ *licence* (frz.)

→ *Разрешение* (russ.)

• Ertragsrechnung

Eine genaue Aufstellung der Erträge und Aufwendungen für den betreffenden Zeitraum mit einer Aufschlüsselung in luftverkehrsspezifische und andere Tätigkeiten sowie in finanzielle und nichtfinanzielle Bestandteile.

(ABl. EG Nr. L 240 vom 24. 8. 1992, S. 1; G/S/M, Europ. LVR, B II 1.8)

→ *management* account (engl.)

→ *compte* de gestion (frz.)

→ *Подсчет доходов* (russ.)

• Erzeugnis

Ein Luftfahrzeug, Motor, Propeller oder eine Ausrüstung für die Zivilluftfahrt.

(ABl. EG Nr. L 373 vom 31. 12. 1991, S. 4; G/S/M, Europ. LVR, B II 1.6)

→ *product* (engl.)

→ *produit* (frz.)

→ *Продукция* (russ.)

F

• Flexibilitätszone

Tarifzone gemäß Artikel 5, in der Fluglinientarife, die die Bedingungen des Anhangs II *[siehe diese Richtlinie: Bedingungen für Tarife der Rabatt- und Superrabattzonen]* erfüllen, für eine automatische Genehmigung der Luftfahrtbehörden der Mitgliedstaaten in Betracht kommen. Die Grenzwerte einer Zone werden als Prozentsätze des Bezugstarifs ausgedrückt.

(ABl. EG Nr. L 374 vom 31. 12. 1987, S. 12; G/S/M, Europ. LVR, B I 1.6)

Eine Tarifzone gemäß Artikel 4 *[dieser Richtlinie]*, in der Linienflugtarife, die die Bedingungen des *Anhangs II* erfüllen, für eine automatische Genehmigung durch die Luftfahrtbehörden der betreffenden Staaten in Betracht kommen. Die Grenzwerte einer Zone werden in Prozentsätzen des Bezugstarifs ausgedrückt.

(ABl. Nr. L 217 vom 11. 8. 1990, S. 1; G/S/M, Europ. LVR B I 1.9)

→ *zone* of flexibility (engl.)

→ *zone* de flexibilité (frz.)

→ *Зона гибкости* (russ.)

• Flug

Abflug von einem bestimmten Flughafen nach einem bestimmten Ziel.

(ABl. EG Nr. L 374 vom 31. 12. 1987, S. 12; G/S/M, Europ. LVR, B I 1.6)

(ABl. EG Nr. L 374 vom 31. 12. 1987, S. 19; G/S/M, Europ. LVR, B I 1.7)

Ein Abflug von einem bestimmten Flughafen nach einem bestimmten Zielflughafen.

(ABl. Nr. L 217 vom 11. 8. 1990, S. 1; G/S/M, Europ. LVR, B I 1.9)

(ABl. Nr. L 217 vom 11. 8. 1990, S. 1; G/S/M, Europ. LVR, B I 1.10)

(ABl. EG Nr. L 240 vom 24. 8. 1992, S. 8; G/S/M, Europ. LVR, B I 1.15)

→ *flight* (engl.)

→ *vol* (frz.)

→ *Полет* (russ.)

• Flugdienst

Ein Flug oder eine Folge von Flügen zur gewerblichen Beförderung von Fluggästen, Fracht und/oder Post.

(ABl. EG Nr. L 240 vom 24. 8. 1992, S. 8; G/S/M, Europ. LVR, B I 1.15)

F

(ABl. EG Nr. L 240 vom 24. 8. 1992, S. 15; G/S/M, Europ. LVR, B I 1.16)

→ *air* service (engl.)

→ *service* aérien (frz.)

→ *Воздушные перевозки* (russ.)

• direkter **Flugdienst**

Ein Dienst zwischen zwei Flughäfen einschließlich Zwischenlandungen mit demselben Luftfahrzeug und unter derselben Flugnummer.

(ABl. EG Nr. L 14 vom 22. 1. 1993, S. 1; G/S/M, Europ. LVR, B I 1.19)

→ direct *air-service* (engl.)

→ *service* aérien direct (frz.)

→ *Прямые воздушные перевозки* (russ.)

• planmäßiger **Flugdienst**

Abfolge von Flügen, die durch alle folgenden Merkmale gekennzeichnet sind:

– Der Dienst wird mit Luftfahrzeugen zwecks Beförderung von Fluggästen oder von Fluggästen und Fracht und/oder Post gegen Bezahlung erbracht, wobei auf jedem Flug Sitzplätze verfügbar sind, die von Verbrauchern einzeln (entweder unmittelbar vom Luftfahrtunternehmen oder von dessen bevoll-

mächtigen Vertretungen) erworben werden können;

– er verbindet zwei oder mehr Punkte

1. entweder nach einem veröffentlichten Flugplan
oder

2. so regelmäßig oder häufig, daß eine systematische Abfolge erkennbar ist.

(ABl. EG Nr. L 220 vom 29. 7. 1989, S. 1; G/S/M,
Europ. LVR, B I 1.8)

(ABl. EG Nr. L 333 vom 31. 12. 1993, S. 37; G/S/M,
Europ. LVR, B I 2.14)

→ scheduled *air* service (engl.)

→ *service* aérien régulier (frz.)

→ *Регулярные воздушные перевозки* (russ.)

• Flughafen

Jeder Platz in einem Mitgliedstaat, der für den gewerblichen Luftverkehr offensteht.

(ABl. EG Nr. L 240 vom 24. 8. 1992, S. 8; G/S/M,
Europ. LVR, B I 1.15)

→ *airport* (engl.)

→ *aéroport* (frz.)

→ *Аэропорт* (russ.)

F

• koordinierter **Flughafen**

Flughafen, für den ein Koordinator benannt wurde, um die Tätigkeiten der Luftfahrtunternehmen zu erleichtern, die an diesem Flughafen Flugdienste betreiben oder betreiben wollen.

(ABl. EG Nr. L 14 vom 22. 1. 1993, S. 1; G/S/M, Europ. LVR, B I 1.19)

→ coordinated *airport* (engl.)

→ *aéroport* coordonné (frz.)

→ *Координированный аэропорт* (russ.)

• vollständig koordinierter **Flughafen**

Koordinierter Flughafen, auf dem ein Luftfahrtunternehmen während der Zeit, in der dieser Flughafen vollständig koordiniert wird, zum Starten oder Landen eine von einem Koordinator zugewiesene Zeitnische benötigt.

(ABl. EG Nr. L 14 vom 22. 1. 1993, S. 1; G/S/M, Europ. LVR, B I 1.19)

→ fully coordinated *airport* (engl.)

→ *aéroport* entièrement coordonné (frz.)

→ *Полностью координированный аэропорт* (russ.)

• Flughafensystem

Zwei oder mehr Flughäfen, die gemeinsam derselben Stadt, die sie bedienen, zugeordnet sind.

(ABl. EG Nr. L 374 vom 31. 12. 1978, S. 19; G/S/M, Europ. LVR, B I 1.7)

Zwei oder mehr Flughäfen – *wie in Anhang II [siehe diese Richtlinie: Bedingungen für Tarife der Rabatt- und Superrabattzonen]* angegeben – die als Einheit dieselbe Stadt bedienen.

(ABl. Nr. L 217 vom 11. 8. 1990, S. 1; G/S/M, Europ. LVR, B I 1.10)

Zwei oder mehr Flughäfen, die gemeinsam dieselbe Stadt bdienen.

(ABl. EG Nr. L 36 vom 8. 2. 1991, S. 1; G/S/M, Europ. LVR, B I 1.12)

Zwei oder mehr zusammengehörige Flughäfen, die dieselbe Stadt oder dasselbe Ballungszentrum bedienen, wie in *Anhang II der Verordnung (EWG) Nr. 2408/ 92* angegeben.

(ABl. EG Nr. L 14 vom 22. 1. 1993, S. 1; G/S/M, Europ. LVR, B I 1.19)

→ *airport* system (engl.)

→ *système* aéroportuaire (frz.)

→ *Система аэропортов* (russ.)

F

• innergemeinschaftlicher **Flug**

Ein Flug zwischen zwei Gemeinschaftsflughäfen ohne Zwischenlandung, der weder in einem nichtgemeinschaftlichen Flughafen seinen Ausgang genommen hat noch in einem nichtgemeinschaftlichen Flughafen endet.

(ABl. EG Nr. L 374 vom 31. 12. 1990, S. 4; G/S/M, Europ. LVR, B IV 1.4)

→ intra-community *flight* (engl.)

→ *vol* intracommunautaire (frz.)

→ *полет в рамках Сообщеęвд* (russ.)

• **Fluglinientarife**

Entgelte, die in der jeweiligen Landeswährung für die Beförderung von Personen und Gepäck im Fluglinienverkehr zu zahlen sind sowie die Bedingungen, unter denen diese Entgelte gelten, einschließlich des Entgelts und der Bedingungen, die Agenturen und anderen Hilfsdiensten geboten werden.

(ABl. EG Nr. L 374 vom 31. 12. 1987, S. 12; G/S/M, Europ. LVR, B I 1.6)

→ scheduled *air fares* (engl.)

→ *tarifs* aériens réguliers (frz.)

→ *Тарифы в регулярном воздушном сообщении* (russ.)

• Fluglinienverkehr

Eine Folge von Flügen mit folgenden Merkmalen:

- Sie führen durch den Luftraum über dem Hoheitsgebiet von mehr als einem Mitgliedstaat;

- sie werden mit Luftfahrzeugen zur gewerblichen Beförderung von Personen oder Personen und/oder Post durchgeführt, wobei für jeden Flug der Öffentlichkeit Sitzplätze zum Kauf (entweder bei dem Luftfahrtunternehmen selbst oder bei dessen zugelassenen Vertretern) angeboten werden;

- sie dienen der Beförderung zwischen zwei oder mehr festen Punkten

  1. entweder nach einem veröffentlichten Flugplan oder

  2. in Form von so regelmäßigen oder häufigen Flügen, daß es sich erkennbar um eine systematische Folge von Flügen handelt.

(ABl. EG Nr. L 374 vom 31. 12. 1987, S. 12; G/S/M, Europ. LVR, B I 1.6)

(ABl. EG Nr. L 374 vom 31. 12. 1987, S. 19; G/S/M, Europ. LVR, B I 1.7)

→ scheduled *air* sevice (engl.)

→ *service* aérien régulier (frz.)

→ *Регулярное воздушное сообщение* (russ.)

F

• interregionaler **Flugverkehr**

Ein Linienflugverkehr, der *nach Artikel 1* zugelassen werden kann.

(ABl. EG Nr. L 237 vom 26. 8. 1983, S. 19; G/S/M, Europ. LVR, B I 1.1)

→ inter-regional *air service* (engl.)

→ *service* aérien interrégional (frz.)

→ *Межрегиональное воздушное сообщение* (russ.)

• **Flugplanperiode**

Entweder die Sommer- oder die Wintersaison in den Flugplänen der Luftfahrtunternehmen.

(ABl. EG Nr. L 14 vom 22. 1. 1993, S. 1; G/S/M, Europ. LVR, B I 1.19)

→ *scheduling* period (engl.)

→ *période* de planification horaire (frz.)

→ *Сезон расписания полетов* (russ.)

• **Flugpreise**

Der für ungebündelte Luftverkehrsprodukte zu zahlende Preis und die Bedingungen, unter denen dieser Preis gilt.

(ABl. EG Nr. L 220 vom 29. 7. 1989, S. 1; G/S/M, Europ. LVR, B I 1.8)

Der für Luftverkehrsprodukte zu zahlende Preis einschließlich der Bedingungen, unter denen dieser Preis gilt.

(ABl. EG Nr. L 333 vom 31. 12. 1993, S. 37; G/S/M, Europ. LVR, B I 2.14)

In ECU oder in Landeswährung ausgedrückte Preise, die von Fluggästen für ihre Beförderung und die Beförderung ihres Gepäcks im Flugverkehr an Luftfahrtunternehmen oder deren Bevollmächtigte zu zahlen sind sowie etwaige Bedingungen, unter denen diese Preise gelten, einschließlich des Entgelts und der Bedingungen, die Agenturen und anderen Hilfsdiensten geboten werden.

(ABl. EG Nr. 240 vom 24. 8. 1992, S. 15; G/S/M Europ. LVR, B I 1.16)

→ *fares; air* fares (engl.)

→ *tarif* (frz.)

→ *Тарифы* (russ.)

• **Flugschreiber**

Jede Art von Aufzeichnungsgerät, das im Luftfahrzeug eingebaut ist, um die Untersuchung von Unfällen und Störungen zu erleichtern.

F

(ABl. EG Nr. L 319 vom 12. 12. 1994, S. 14; G/S/M, Europ. LVR, B II 1.9)

→ *flight* recorder (engl.)

→ *enregistreur* de bord (frz.)

→ *Бортовой самописец* (russ.)

• überbuchter **Flug**

Flug, für den mehr Fluggäste eine bestätigte Buchung besitzen und sich rechtzeitig und unter Einhaltung der sonstigen Bedingungen vor dem Abflug gemeldet haben, als Plätze vorhanden sind.

(ABl. EG Nr. L 36 vom 8. 2. 1991, S. 5; G/S/M, Europ. LVR, B I 1.13)

→ overbooked *flight* (engl.)

→ *vol* surréservé (frz.)

→ *Рейс, на который выдано больше брони, чем имеющихсямест* (russ.)

• **Flugzeit**

Die Zeitspanne zwischen planmäßiger Abflug- und Ankunftszeit.

(ABl. EG Nr. L 220 vom 29. 7. 1989, S. 1; G/S/M, Europ. LVR, B I 1.8)

(ABl. EG Nr. L 333 vom 31. 12. 1993, S. 37; G/S/M Europ. LVR, B I 2.14

→ *elapsed* journey time (engl.)

→ *durée* totale du trajet (frz.)

→ *Время полета* (russ.)

• Frachtraten

Die in der jeweiligen Landeswährung zu entrichtenden Entgelte für die Beförderung von Fracht und die Bedingungen, unter denen diese Frachtraten gelten, einschließlich des Entgelts und der Bedingungen, die Agenturen und anderen Hilfsgewerbetreibenden angeboten werden.

(ABl. EG Nr. L 36 vom 8. 2. 1991, S. 1; G/S/M, Europ. LVR, B I 1.12)

In Ecu oder in Landeswährung ausgedrücke Preise, die für die Beförderung von Fracht zu zahlen sind sowie die Bedingungen, unter denen diese Preise gelten, einschließlich des Entgelts und der Bedingungen, die Agenturen und anderen Hilfsdiensten geboten werden.

(ABl. EG Nr. L 240 vom 24. 8. 1992, S. 15; G/S/M, Europ. LVR, B I 1.16)

→ *cargo* rates (engl.)

→ *tarifs* de fret (frz.)

→ *Грузовые тарифы* (russ.)

F

• Freiwilliger

Ein Fluggast, der

- einen gültigen Flugschein und

- eine bestätigte Buchung besitzt und

- sich rechtzeitig und unter Einhaltung der sonstigen Bedingungen vor dem Abflug gemeldet hat, und der dem Aufruf des Luftfahrtunternehmens, gegen einen entsprechenden Ausgleich von seiner bestätigten Buchung zurückzutreten, nachkommt.

(ABl. EG Nr. L 36 vom 8. 2. 1991, S. 5; G/S/M, Europ. LVR, B I 1.13)

→ *volunteer* (engl.)

→ *volontaire* (frz.)

→ *Добровольно отказывающийся от брони пассажир* (russ.)

• Gemeinschaftsflughafen

Jeder Flughafen im Zollgebiet der Gemeinschaft.

(ABl. EG Nr. L 374 vom 31. 12. 1990, S. 4; G/S/M, Europ. LVR, B I 1.4)

→ community *airport* (engl.)

→ *aéroport* communautaire (frz.)

→ *Аэропорт Сообщества* (russ.)

• Gemeinschaftshafen

Jeder Hafen im Zollgebiet der Gemeinschaft.

(ABl. EG Nr. L 374 vom 31. 12. 1990, S. 4; G/S/M, Europ. LVR, B IV 1.4)

→ *community* port (engl.)

→ *port* communautaire (frz.)

→ *Порт Сообщества* (russ.)

• Gemeinschafts-Luftverkehrsunternehmen

Ein Luftverkehrsunternehmen, dessen Hauptverwaltung und Hauptgeschäftssitz sich derzeit und auch weiterhin in der Gemeinschaft befinden, das sich derzeit und auch weiterhin mehrheitlich im Eigentum von Mitgliedstaaten und/oder von Staatsangehörigen der Mitgliedstaaten befindet und das von diesen Staaten oder Staatsangehörigen derzeit und auch weiterhin tatsächlich kontrolliert wird, oder

ein Luftfahrtunternehmen, das beim Erlaß dieser Verordnung zwar nicht der *Begriffsbestimmung der Ziffer i)*

G

[siehe diese Richtlinie, Artikel 2 b) → Linienflugverkehr] entspricht, aber

1. dessen Hauptverwaltung und Hauptgeschäftssitz sich in der Gemeinschaft befinden und das in den zwölf Monaten vor dem Erlaß dieser Verordnung einen Linienflugverkehr oder einen Bedarfsflugverkehr in der Gemeinschaft betrieben hat, oder

2. das in den zwölf Monaten vor dem Erlaß dieser Verordnung einen Linienflugverkehr aufgrund eines Verkehrsrechts der dritten oder vierten Freiheit zwischen Mitgliedstaaten betrieben hat.

(ABl. Nr. L 217 vom 11. 8. 1990, S. 1; G/S/M, Euop. LVR, B I 1.9)

(ABl. Nr. L 217 vom 11. 8. 1990, S. 1; G/S/M, Europ. LVR, B I 1.10)

→ Community *air carrier* (engl.)

→ *transporteur* aérien communautaire (frz.)

→ *Авиационное предприятие Сообщества* (russ.)

• internationaler **Gemeinschaftsflughafen**

Jeder Flughafen in der Gemeinschaft, auf dem nach Zulassung durch die zuständigen Behörden der Flugverkehr mit Drittländern abgewickelt werden kann.

(ABl. EG Nr. L 374 vom 31. 12. 1990, S. 4; G/S/M, Europ. LVR, B IV 1.4)

→ international Community *airport* (engl.)

→ *aéroport* communautaire à *caractère international* (frz.)

→ *Международный аэропорт Сообщества* (russ.)

• Gepäck

Jeder von einer Person auf beliebige Weise während der Reise mitgeführte Gegenstand.

(ABl. EG Nr. L 185 vom 4. 7. 1992, S. 8; G/S/M, Europ. LVR, B IV 2.3)

→ *baggage* (engl.)

→ *bagages* (frz.)

→ *Багаж* (russ.)

• aufgegebenes **Gepäck**

Gepäck, das nach der Abfertigung im Abgangsflughafen für die Person weder während des Fluges noch bei einer eventuellen Zwischenlandung im Sinne *des Artikels 3 Nummern 1 und 2 und des Artikels 5 Nummern 1 und 2 [siehe Verordnung (EWG) Nr. 3925/91 in G/S/M, Europ. LVR, B IV 1.4]* der Grundverordnung zugänglich ist.

(ABl. EG Nr. L 185 vom 4. 7. 1992, S. 8; G/S/M, Europ. LVR, B IV 2.3)

→ hold *baggage* (engl.)

→ *bagages* de soute (frz.)

→ *Сданный багаж* (russ.)

G

• Handgepäck

Gepäck, welches die Person in die Kabine des Luftfahrzeugs mitnimmt.

(ABl. EG Nr. L 185 vom 4. 7. 1992, S. 8; G/S/M, Europ. LVR, B IV 2.3)

→ cabin *baggage* (engl.)

→ *bagages* à main (frz.)

→ *Ручная кладь* (russ.)

• Gewerbetreibender

Eine natürliche oder juristische Person, die bei Verträgen, die unter diese Richtlinie fallen, im Rahmen ihrer gewerblichen oder beruflichen Tätigkeit handelt, auch wenn diese dem öffentlich-rechtlichen Bereich zuzurechnen ist.

(ABl. EG Nr. L 95 vom 21. 4. 1993, S. 29; G/S/M, Europ. LVR, B IV 1.5)

→ *seller; supplier* (engl.)

→ *professionnel* (frz.)

→ *Мелкий предприниматель* (russ.)

• Grundpreis

Der niedrigste voll flexible Flugpreis, der für einfache Flüge und für Hin- und Rückflüge mindestens im gleichen Umfang zum Verkauf angeboten wird wie jeder andere voll flexible Flugpreis für denselben Flugdienst.

(ABl. EG Nr. L 240 vom 24. 8. 1992, S. 15; G/S/M, Europ. LVR, B I 1.16)

→ *basic* fare (engl.)

→ *tarif* de base (frz.)

→ *Базисный тариф* (russ.)

• Gültigerklärung

Die ausdrückliche Erklärung eines Mitgliedstaates, daß eine von einem anderen Mitgliedstaat ausgestellte Erlaubnis wie eine von ersterem selbst ausgestellte Erlaubnis verwendet werden darf.

(ABl. EG Nr. L 373 vom 31. 12. 1991,S. 21; G/S/M, Europ. LVR, B II 1.5)

→ *validation* (engl.)

→ *validation* (frz.)

→ *Официальное подтверждение* (russ.)

H

• Halter

Eine natürliche Person mit Wohnsitz in einem Mitgliedstaat oder eine juristische Person mit Sitz in einem Mitgliedstaat, die im Einklang mit den in diesem Mitgliedstaat geltenden Rechtsvorschriften ein oder mehrere Luftfahrzeuge betreibt, oder ein Luftfahrtunternehmen in der Gemeinschaft gemäß der Definition in den Rechtsvorschriften der Gemeinschaft.

(ABl. EG Nr. L 373 vom 31. 12. 1991, S. 4; G/S/M, Europ. LVR, B II 1.6)

Eine Person, eine Einrichtung oder ein Unternehmen, die bzw. das ein oder mehrere Luftfahrzeuge betreibt oder betreiben will.

(ABl. EG Nr. L 319 vom 12. 12. 1994, S. 14; G/S/M, Europ. LVR, B II 1.9)

→ *operator* (engl.)

→ *exploitant; opérateur* (frz.)

→ *эксплуатант* (russ.)

• Hauptanzeige

Eine umfassende neutrale Sichtanzeige von Daten über Flugdienste zwischen Städtepaaren innerhalb einer bestimmten Zeitspanne.

(ABl. EG Nr. L 220 vom 29. 7. 1989, S. 1; G/S/M, Europ. LVR, B I 1.8)

(ABl. EG Nr. L 333 vom 31. 12. 1993, S. 37; G/S/M, Europ. LVR, B I 2.14)

→ *principal* display (engl.)

→ *affichage* principal aérien (frz.)

→ *Главное информационное табло* (russ.)

• Heimatstaat

Der Mitgliedstaat, in dem ein Luftverkehrsunterneh-men als Luftverkehrsunternehmen für gewerbliche Zwecke gegründet wurde.

(ABl. EG Nr. L 237 vom 26. 8. 1983, S. 19; G/S/M, Europ. LVR, B I 1.1)

→ *Home* State (engl.)

→ *État* dont la compagnie aérienne est ressortissante (frz.)

→ *Родина* (russ.)

I

• Instandhaltung

Jegliche Überprüfung, Wartung, Änderung und In-
standsetzung während der gesamten Lebensdauer eines Luftfahrzeugs, die notwendig ist, damit das Luftfahrzeug weiterhin dem zugelassenen Muster entspricht und ständig ein hohes Sicherheitsniveau aufweist; hierzu gehören auch Änderungen, die von den
Behörden, die Vertragsparteien der Vereinbarungen
nach Buchstabe h) [→ Vereinbarungen] sind, gemäß den
Konzepten zur Sicherstellung der ständigen Lufttüch-
tigkeit vorgeschrieben werden.

(ABl. EG Nr. L 373 vom 31.12. 1991, S. 4; G/S/M,
Europ. LVR, B II 1.6)

→ *maintenance* (engl.)

→ *entretien* (frz.)

→ *Техническое обслуживание* (russ.)

K

• Kapazität

wird ausgedrückt als die Anzahl von Plätzen, die im Fluglinienverkehr auf einer Strecke während eines bestimmten Zeitraums für jedermann zum Verkauf stehen.

(ABl. EG Nr. L 374 vom 31. 12. 1987, S. 19; G/S/M, Europ. LVR, B I 1.7)

Die Anzahl von Sitzplätzen, die im Linienflugverkehr auf einer Strecke während eines bestimmten Zeitraums für jedermann zum Verkauf stehen.

(ABl. EG Nr. L 217 vom 11. 8. 1990, S. 1; G/S/M, Europ. LVR, B I 1.10)

Die Anzahl von Sitzplätzen, die im Linienverkehr auf einer Strecke während eines bestimmten Zeitraums jedermann angeboten werden.

(ABl. EG Nr. L 240 vom 24. 8. 1992, S. 8; G/S/M, Europ. LVR, B I 1.15)

→ *capacity* (engl.)

→ *capacité* (frz.)

→ *Пассажиро-емкость* (russ.)

• Kapazitätsanteil

Der Anteil der (des) Luftfahrtunternehmen(s) eines Mitgliedstaates, ausgedrückt als Prozentsatz der Gesamtkapazität in einer bilateralen Verbindung mit einem anderen Mitgliedstaat, jedoch unter Ausschluß von Kapazitäten *gemäß Artikel 6 Absatz 3* oder gemäß

K

der Richtlinien 83/416/EWG sowie der von einem Luft-fahrtunternehmen der fünften Freiheit angebotenen Kapazität.

(ABl. EG Nr. L 374 vom 31.12. 1987, S. 19; G/S/M, Europ. LVR, B I 1.7)

Der als Prozentsatz der Gesamtkapazität nach *Artikel 11 [dieser Richtlinie]* berechnete Anteil eines Mitglied-staats an einer bilateralen Verbindung mit einem ande-ren Mitgliedstaat unter Ausschluß der durch Flugdien-ste der fünften Freiheit gebotenen Kapazitäten.

(ABl. Nr. L 217 vom 11. 8. 1990, S. 1; G/S/M, Europ. LVR, B I 1.10)

→ *capacity* share (engl.)

→ *quote-part* de capacité (frz.)

→ *Доля участия в пассажиро-емксости* (russ.)

• mißbräuchliche **Klauseln**

Vertragsklauseln, wie sie in *Artikel 3 [dieser Richtlinie]* definiert sind.

(ABl. EG Nr. L 95 vom 21. 4. 1993, S. 29 G/S/M, Europ. LVR, B IV 1.5)

→ unfair *terms* (engl.)

→ *clauses* abusives (frz.)

→ *Положения, подвергаемые злоупотреблениям* (russ.)

• Knotenpunktflughafen

Ein Flughafen, der in der *Liste des Anhangs II [dieser Entscheidung]* unter den Flughäfen der Kategorie I aufgeführt ist.

(ABl. EG Nr. L 374 vom 31. 12. 1987, S. 19; G/S/M, Europ. LVR, B I 1.7)

→ hub *airport* (engl.)

→ *aéroport* de première catégorie (frz.)

→ *Узловой аэропорт* (russ.)

• tatsächliche Kontrolle

Eine Beziehung, die durch Rechte, Verträge oder andere Mittel begründet ist, die einzeln oder zusammen und unter Berücksichtigung der tatsächlichen und rechtlichen Umstände die Möglichkeit bieten, unmittelbar oder mittelbar einen bestimmenden Einfluß auf ein Unternehmen auszuüben, insbesondere durch

– das Recht, die Gesamtheit oder Teile des Vermögens eines Unternehmens zu nutzen,

– Rechte oder Verträge, die einen bestimmenden Einfluß auf die Zusammensetzung, das Abstimmungsverhalten oder die Beschlüsse der Organe eines Unternehmens oder in anderer Weise einen bestimmenden Einfluß auf die Führung der Unternehmensgeschäfte gewähren.

(ABl. EG Nr. L 220 vom 29. 7. 1989, S. 1; G/S/M, Europ. LVR, B I 1.8)

K

(ABl. EG Nr. L 240 vom 24. 8. 1992, S. 1; G/S/M, Europ. LVR, B II 1.8)

Eine Beziehung, die durch Rechte, Verträge oder andere Mittel begründet ist, welche einzeln oder zusammen unter Berücksichtigung der tatsächlichen und rechtlichen Umstände die Möglichkeit bieten, unmittelbar oder mittelbar einen bestimmenden Einfluß auf ein Unternehmen auszuüben, insbesondere durch

– das Recht, die Gesamtheit oder Teile des Vermögens eines Unternehmens zu nutzen;

– Rechte oder Verträge, die einen bestimmenden Einfluß auf die Zusammensetzung, das Abstimmungsverhalten und die Beschlüsse der Organe eines Unternehmens oder auf die Führung der Unternehmensgeschäfte ermöglichen.

(ABl. EG Nr. L 333 vom 31. 12. 1993, S. 37; G/S/M, Europ. LVR, B I 2.14)

→ effective *control* (engl.)

→ *contrôle* effectif (frz.)

→ *Фактический контроль* (russ.)

• Leistungsstärkung

Ein Produkt oder eine Leistung, die ein Systemverkäufer von sich aus abonnierten Benutzern in Verbindung mit einem computergesteuerten Buchungssystem anbietet, mit Ausnahme von Vertriebsleistungen.

(ABl. EG Nr. L 333 vom 31. 12. 1993, S. 37; G/S/M, Europ. LVR, B I 2.14)

→ *service* enhancement (engl.)

→ *amélioration* de service (frz.)

→ *Интенсификация услуг* (russ.)

• Linienflug

Ein Flug, der sämtliche nachstehenden Merkmale aufweist:

– Er wird mit Luftfahrzeugen zur gewerblichen Beförderung von Fluggästen oder von Fluggästen und Fracht und/oder Post durchgeführt, wobei die Plätze entweder unmittelbar durch das Luftfahrtunternehmen oder dessen genehmigte Reisevermittler im freien Verkauf angeboten werden, und

– er dient der Verkehrsverbindung zwischen zwei oder mehr Punkten, nach einem offiziellen Flugplan oder
durch so regelmäßige oder häufige Flüge, daß sie eine erkennbare systematische Flugfolge bilden.

(ABl. EG Nr. L 36 vom 8. 2. 1991, S. 5; G/S/M, Europ. LVR, B I 1.13)

L

→ scheduled *flight* (engl.)

→ *vol* régulier (frz.)

→ *Регулярный полет* (russ.)

• Linienflugtarife

Die Entgelte, die in der jeweiligen Landeswährung für die Beförderung von Personen und Gepäck im Linienflugverkehr zu zahlen sind, sowie die Bedingungen, unter denen diese Entgelte gelten, einschließlich des Entgelts und der Bedingungen, die Agenturen und anderen Hilfsdiensten geboten werden.

(ABl. EG Nr. L 217 vom 11. 8. 1990, S. 1; G/S/M, Europ. LVR, B I 1.9)

→ scheduled *air* fares (engl.)

→ *tarifs aériens* réguliers (frz.)

→ *Тарифы на регулярные полеты* (russ.)

• Linienflugverkehr

Eine Folge von Flügen, von denen jeder folgende Merkmale aufweist:

Er wird gemäß *Artikel 1 [dieser Richtlinien]* gegen Entgelt durchgeführt, wobei die Beteiligung an diesen Flügen jedermann offensteht;

er dient der Beförderung zwischen zwei oder mehreren festen Punkten

1. nach einem veröffentlichten Flugplan oder

2. mit so regelmäßigen oder häufigen Flügen, daß sie eine echte systematische Folge bilden.

(ABl. EG Nr. L 237 vom 26. 8. 1983, S. 19; G/S/M, Europ. LVR, B I 1.1)

Eine Folge von Flügen mit folgenden Merkmalen:

Sie führen durch den Luftraum über dem Hoheitsgebiet von mehr als einem Mitgliedstaat;

sie werden mit Luftfahrzeugen zur gewerblichen Beförderung von Personen oder Personen und Fracht und/oder Post durchgeführt, wobei für jeden Flug der Öffentlichkeit Sitzplätze zum Einzelkauf (entweder bei dem Luftverkehrsunternehmen selbst oder bei dessen bevollmächtigten Vertretungen) angeboten werden.

Sie dienen der Beförderung zwischen zwei oder mehr festen Punkten entweder

1. nach einem veröffentlichten Flugplan

oder

2. in Form von so regelmäßigen oder häufigen Flügen, daß es sich erkennbar um eine systematische Folge von Flügen handelt.

(ABl. EG Nr. L 217 vom 11. 8. 1990, S. 1; G/S/M, Europ. LVR, B I 1.9)

Eine Folge von Flügen mit folgenden Merkmalen:

Sie werden mit Luftfahrzeugen zur gewerblichen Beförderung von Fluggästen, Fracht und/oder Post durchgeführt, wobei für jeden Flug der Öffentlichkeit

L

Sitzplätze zum Einzelkauf – entweder bei dem Luftverkehrsunternehmen oder bei dessen bevollmächtigten Agenturen – angeboten werden.

Sie dienen der Beförderung zwischen zwei oder mehr Flughäfen entweder

1. nach einem veröffentlichten Flugplan oder

2. in Form von so regelmäßigen oder häufigen Flügen, daß es sich erkennbar um eine systematische Folge von Flügen handelt.

(ABl. EG Nr. L 240 vom 24. 8. 1992, S. 8; G/S/M, Europ. LVR, B I 1.15)

→ scheduled *air* service (engl.)

→ service aérien régulier (frz).

→ *Регулярное воздушное сообшение* (russ.)

• **Luftfahrtpersonal**

Die Inhaber einer Erlaubnis, die während des Fluges wesentliche Aufgaben zur Führung des Luftfahrzeugs wahrzunehmen haben, d. h. Luftfahrzeugführer, Flugnavigatoren und Flugingenieure.

(ABl. EG Nr. L 373 vom 31. 12. 1991, S. 21; G/S/M, Europ. LVR, B II 1.5)

→ *cockpit* personnel (engl.)

→ *personnel* navigant technique (frz.)

→ *Летный авиационный персонал* (russ.)

• Luftfahrtunternehmen

Unternehmen mit einer gültigen Betriebserlaubnis für Fluglinien.

(ABl. EG Nr. L 374 vom 31. 12. 1987, S. 12; G/S/M, Europ. LVR, B I 1.6)

(ABl. EG Nr. L 374 vom 31. 12. 1987, S. 19; G/S/M, Europ. LVR, B I 1.7)

Ein Lufttransportunternehmen mit einer gültigen Betriebsgenehmigung.

(ABl. EG Nr. L 240 vom 24. 8. 1992, S. 15; G/S/M, Europ. LVR, B I 1.6)

(ABl. EG Nr. L 240 vom 24. 8. 1992, S. 1, G/S/M, Europ. LVR B II 1.8).

→ *air* carrier (engl.)

→ *transporteur* aérien (frz.)

→ *Авиационное предприятие* (russ.)

• Luftfahrtunternehmen der dritten Freiheit

Ein Unternehmen, das berechtigt ist, Personen, Fracht und Post in dem Staat, in dem es registriert ist, aufzunehmen und in einem anderen Staat abzusetzen.

(ABl. EG Nr. L 374 vom 31. 12. 1987, S. 12; G/S/M, Europ. LVR, B I 1.6)

(ABl. EG Nr. L 374 vom 31. 12. 1987, S. 19; G/S/M, Europ. LVR, B I 1.7)

Ein Lufttransportunternehmen mit einer gültigen Betriebsgenehmigung.

(ABl. EG Nr. L 240 vom 24. 8. 1992, S. 8; G/S/M, Europ. LVR, B I 1.15)

→ third freedom *air* carrier (engl.)

→ *transporteur* aérien de troisième liberté (frz.)

→ *Авиационное предприятие третьей свободы* (russ.)

• Luftfahrtunternehmen der vierten Freiheit

Ein Unternehmen, das berechtigt ist, Personen, Fracht und Post in einem anderen Staat aufzunehmen, um sie in dem Staat abzusetzen, in dem es registriert ist.

(ABl. EG Nr. L 374 vom 31. 12. 1987, S. 12; G/S/M, Europ. LVR, B I 1.6)

(ABl. EG Nr. L 374 vom 31. 12. 1987, S. 19; G/S/M, Europ. LVR, B I 1.7)

→ fourth-freedom *air* carrier (engl.)

→ *transporteur* aérien de quatrième liberté (frz.)

→ *Авиационное предприятие четвертой свободы* (russ.)

L

• Luftfahrtunternehmen der fünften Freiheit

Ein Unternehmen, das berechtigt ist, gewerbliche Beförderungen von Personen, Fracht und Post zwischen zwei Staaten durchzuführen, in denen es nicht registriert ist.

(ABl. EG Nr. L 374 vom 31. 12. 1987, S. 12; G/S/M, Europ. LVR, B I 1.6)

(ABl. EG Nr. L 374 vom 31. 12. 1987, S. 19; G/S/M, Europ. LVR, B I 1.7)

→ fifth-freedom *air* carrier (engl.)

→ *transporteur* aérien de cinquième liberté (frz.)

→ *Авиационное предприятие пятой свободы* (russ.)

• Luftfahrtunternehmen der Gemeinschaft

Ein Luftfahrtunternehmen, dessen Hauptverwaltung und Hauptgeschäftsführung sich in der Gemeinschaft befinden, das sich mehrheitlich im Eigentum von Staatsangehörigen der Mitgliedstaaten und/oder im Eigentum von Mitgliedstaaten befindet und das tatsächlich von diesen Staatsangehörigen oder Staaten kontrolliert wird, oder

ein Luftfahrtunternehmen, das bei Erlaß dieser Richtlinie zwar nicht der *Definition der Ziffer i) [Abs. 1 dieser Definition]* entspricht, aber

A. dessen Hauptverwaltung und Hauptgeschäftssitz sich in der Gemeinschaft befinden und das in den zwölf Monaten vor Erlaß dieser Richtlinien einen Fluglinienverkehr oder einen anderen Luftverkehr in der Gemeinschaft betrieben hat oder

B. das in den zwölf Monaten vor Erlaß dieser Richtlinie einen Fluglinienverkehr der dritten oder vierten Freiheit zwischen Mitgliedstaaten betrieben hat.

Die Unternehmen, die den obengenannten Merkmalen entsprechen, sind in *Anhang I [dieser Richtlinie]* aufgeführt.

(ABl. EG Nr. L 374 vom 31. 12. 1987, S. 12; G/S/M, Europ. LVR, B I 1.6)

(ABl. EG Nr. L 374 vom 31. 12. 1987, S. 19; G/S/M, Europ. LVR, B I 1.7)

Ein Luftfahrtunternehmen mit einer gültigen Betriebsgenehmigung, die von einem Mitgliedstaat gemäß der Verordnung (EWG) Nr. 2407/92 des Rates vom 23. Juli 1992 über die Erteilung von Betriebsgenehmigungen an Luftfahrtunternehmen ausgestellt wurde.

(ABl. EG Nr. L 240 vom 24. 8. 1992, S. 8; G/S/M, Europ. LVR, B I 1.15)

Ein Luftfahrtunternehmen mit einer gültigen, vor einem Mitgliedstaat gemäß der Verordnung (EWG) Nr. 2407/92 des Rates vom 23. Juli 1992 über die Erteilung von Betriebsgenehmigungen an Luftfahrtunternehmen ausgestellten Betriebsgenehmigung.

(ABl. EG Nr. L 240 vom 24. 8. 1992, S. 15; G/S/M, Europ. LVR, B I 1.16).

L

(ABl. EG Nr. L 14 vom 22. 1. 1993, S. 1; G/S/M Europ. LVR, B I 1.19)

→ Community *air* carrier (engl.)

→ *transporteur* aérien communautaire (frz.)

→ *Авиационное предприятие Сообщества* (russ.)

• teilnehmendes **Luftfahrtunternehmen**

Ein Luftfahrtunternehmen, das mit einem Systemverkäufer eine Vereinbarung über den Vertrieb von Luft-
verkehrsprodukten durch ein CRS getroffen hat. Sofern
ein Mutterluftfahrtunternehmen die unter diese Verordnung fallenden Möglichkeiten seines eigenen CRS
nutzt, gilt es als teilnehmendes Luftfahrtunternehmen.

(ABl. EG Nr. L 220 vom 29. 7. 1989, S. 1; G/S/M,
Europ. LVR, B I 1.8)

Ein Luftfahrtunternehmen, das zum Zwecke des Ver-
kaufs von Luftverkehrsleistungen an jedermann mit
dem Systemverkäufer eine Vereinbarung über die
Sichtanzeige seiner Flugpläne, Tarife und/oder der ver-
fügbaren Sitzplätze oder über Buchungen oder Ausstellung von Flugscheinen durch das Mutterluftfahrtunternehmen getroffen hat. Soweit ein Mutterluftfahrtunternehmen die Vertriebsmöglichkeit seines
eigenen Buchungssystems verwendet, gilt es als teilnehmendes Luftfahrtunternehmen.

(ABl. EG Nr. L 239 vom 30. 8. 1988, S. 13; G/S/M,
Europ. LVR, B I 2.2)

L

Ein Luftfahrtunternehmen, das mit einem Systemverkäufer eine Vereinbarung über den Vertrieb seiner Luftverkehrsprodukte durch ein computergesteuertes Buchungssystem getroffen hat. Sofern ein Mutterluftfahrtunternehmen die Vertriebsbmöglichkeiten seines
eigenen Buchungssystems nutzt, gilt es als teilnehmendes Luftfahrtunternehmen.

(ABl. EG Nr. L 10 vom 15. 1. 1991, S. 9; G/S/M,
Europ. LVR, B I 2.6)

Ein Luftfahrtunternehmen, das mit einem Systemverkäufer eine Vereinbarung über den Vertrieb von Luft-
verkehrsprodukten durch ein computergesteuertes
Buchungssystem getroffen hat.

Ein Mutterluftfahrtunternehmen, das ein eigenes computergesteuertes Buchungssystem gemäß den Bestim-
mungen dieser Verordnung nutzt, gilt als ein teilnehmendes Luftfahrtunternehmen.

(ABl. EG Nr. L 333 vom 31. 12. 1993, S. 37; G/S/M,
Europ. LVR, B I 2.14)

→ participating *carrier* (engl.)

→ *transporteur* participant (frz.)

→ *Участвующее авиационное предприятие* (russ.)

• Luftfrachtdienste

Luftfrachtdienste, bei denen nur Fracht und Post be-
fördert werden.

(ABl. EG Nr. L 36 vom 8. 2. 1991, S. 1; G/S/M,
Europ. LVR, B I 1.12)

→ *air* cargo services (engl.)

→ *services* de fret aérien (frz.)

→ *Грузовые авиаперевозки* (russ.)

• Luftfrachtunternehmen

Ein Luftfahrtunternehmen mit einer von einem Mitgliedstaat erteilten gültigen Betriebserlaubnis, zumindest für die Erbringung von Luftfrachtdiensten.

(ABl. EG Nr. L 36 vom 8. 2. 1991, S. 1; G/S/M, Europ. LVR, B I 1.12)

→ *air* cargo carrier (engl.)

→ *transporteur* aérien de fret;
transporteur de fret aérien (frz.)

→ *Авиационное предприятие для перевозки грузов* (russ.)

• Luftfrachtunternehmen der Gemeinschaft

Ein Luftfrachtunternehmen, dessen Hauptverwaltung und wirtschaftlicher Schwerpunkt sich fortwährend in der Gemeinschaft befinden, das sich fortwährend mehrheitlich im Eigentum von Mitgliedstaaten und/oder Staatsangehörigen von Mitgliedstaaten befindet und das fortwährend von diesen Staaten oder Staatsangehörigen tatsächlich kontrolliert wird.

(ABl. EG Nr. L 36 vom 8. 2. 1991, S. 1; G/S/M, Europ. LVR, B I 1.12)

L

→ Community *air* cargo carrier (engl.)

→ *transporteur* communautaire de fret aérien (frz.)

→ *Авиационное предприятие Сообщества для перевозки грузов* (russ.)

• Luftverkehrsbetreiberzeugnis (AOC)

Eine von den zuständigen Behörden der Mitgliedstaaten einem Unternehmen oder einer Gruppe von Unternehmen ausgestellte Urkunde, in der dem betreffenden Luftverkehrsbetreiber bescheinigt wird, daß er über die fachliche Eignung und Organisation verfügt, um den sicheren Betrieb von Luftfahrzeugen für die im Zeugnis genannten Luftverkehrstätigkeiten zu gewährleisten.

(ABl. EG Nr. L 240 vom 24. 8. 1992, S. 1; G/S/M, Europ. LVR, B II 1.8)

→ *air* operator certificate (AOC) (engl.)

→ *certificat* de transporteur aérien (AOC) (frz.)

→ *Сертификат эксплуатанта* (russ.)

• Luftverkehrsprodukt

Ein ungebündeltes oder ein gebündeltes Luftverkehrsprodukt.

(ABl. Nr. EG L 220 vom 29. 7. 1989, S. 1; G/S/M, Europ. LVR, B I 1.8)

Die Beförderung eines Fluggastes mit einem Luftfahrzeug zwischen zwei Flughäfen einschließlich aller damit verbundenen Neben- und Zusatzleistungen, die als fester Bestandteil dieses Produkts zum Verkauf angeboten und/oder verkauft werden.

(ABl. EG Nr. L 333 vom 31. 12. 1993, S. 37; G/S/M, Europ. LVR, B I 2.14)

→ *air* transport product (engl.)

→ *produit* de transport aérien (frz.)

→ *Авиатранспортная услуга* (russ.)

• gebündeltes **Luftverkehrsprodukt**

Eine im voraus zusammengestellte und zu einem Gesamtpreis zum Verkauf angebotene und/oder verkaufte Kombination eines ungebündelten Luftverkehrsprodukts mit anderen Leistungen, die keine Nebenleistungen der Beförderung mit einem Luftfahrzeug sind.

ABl. EG Nr. L 220 vom 29. 7. 1989, S. 1; G/S/M, Europ. LVR B I 1,18)

→ bundled *air* transport product (engl.)

→ *produit* de transport aérien (frz.)

→ *Пакет авиатранспортных услуг* (russ.)

• ungebündeltes **Luftverkehrsprodukt**

Die Beförderung eines Fluggastes mit einem Luftfahrzeug zwischen zwei Flughäfen einschließlich aller verwandten Nebenleistungen und Zugaben, die als fester

Bestandteil dieses Produkts zum Verkauf angeboten und/oder verkauft werden.

(ABl. EG Nr. L 220 vom 29. 7. 1989, S. 1; G/S/M, Europ. LVR, B I 1.8)

→ unbundled *air* transport product (engl.)

→ *produit* de transport aérien (frz.)

→ *Самостоятельная авиатранспортная услуга, не включаемая в пакет услуг* (russ.)

• Luftverkehrsunternehmen

Ein Luftverkehrsunternehmen, dessen Hauptverwaltung und Hauptgeschäftssitz sich in der Gemeinschaft befinden, das sich mehrheitlich im Eigentum von Staatsangehörigen der Mitgliedstaaten und/oder im Eigentum von Mitgliedstaaten befindet und das tatsächlich von diesen Staatsangehörigen oder Staaten kontrolliert wird, oder ein Luftverkehrsunternehmen, daß bei Erlaß dieser Richtlinie zwar nicht *der Definition der Ziffer i) [Abs. 1 dieser Definition]* entspricht, aber

A. dessen Hauptverwaltung und Hauptgeschäftssitz sich in der Gemeinschaft befinden und das in den zwölf Monaten vor Erlaß dieser Richtlinie einen Linienflugverkehr oder einen anderen Flugverkehr in der Gemeinschaft betrieben hat oder

B. das in den zwölf Monaten vor Erlaß dieser Richtlinie einen Linienflugverkehr der dritten oder vierten Freiheit zwischen Mitgliedstaaten betrieben hat.

Die Unternehmen, die den obengenannten Merkmalen entsprechen, sind im *Anhang B [dieser Richtlinie]* aufgeführt.

(ABl. EG Nr. L 237 vom 26. 8. 1983, S. 19; G/S/M, Europ. LVR, B I 1.1)

Ein Unternehmen mit einer von einem Mitgliedstaat ausgestellten gültigen Betriebserlaubnis für den Linienflugverkehr.

(ABl. EG Nr. L 217 vom 11. 8. 1990, S. 1; G/S/M, Europ. LVR B I 1.9)

(ABl. EG Nr. L 217 vom 11. 8. 1990, S. 1; G/S/M, Europ. LVR, B I 1.10)

→ *air* carrier (engl.)

→ *compagnie* aérienne (frz.)

→ *Авиационное предприятие* (russ.)

M

• Mehrfachbenennung auf der Grundlage von Länderpaaren

Die Benennung von zwei oder mehr Luftfahrtunternehmen eines Mitgliedstaats durch diesen Mitgliedstaat für die Bedienung des Fluglinienverkehrs zwischen seinem Hoheitsgebiet und dem eines anderen Mitgliedstaats.

(ABl. EG Nr. L 374 vom 31. 12. 1987, S. 19; G/S/M, Europ. LVR, B I 1.7)

Die Benennung durch einen Registrierungsstaat – von zwei oder mehr von ihm zugelassenen Luftverkehrsunternehmen für die Durchführung von Linienflugverkehr zwischen seinem Hoheitsgebiet und dem eines anderen Mitgliedstaats.

(ABl. EG Nr. L 217 vom 11. 8. 1990, S. 1; G/S/M, Europ. LVR, B I 1.10)

→ *multiple* designation on a country-pair basis (engl.)

→ *désignation* multiple sur la base d'une paire de pays (frz.)

→ *Назначение нескольких авиационных предприятий между государствами на двусторонней основе* (russ.)

• Mehrfachbenennung auf der Grundlage von Städtepaaren

Die Benennung von zwei oder mehr Luftfahrtunternehmen eines Mitgliedstaats durch diesen Mitgliedstaat für die Bedienung des Fluglinienverkehrs zwischen einem Flughafen oder Flughafensystem in seinem Hoheitsgebiet und einem Flughafen oder Flughafensystem im Hoheitsgebiet eines anderen Mitgliedstaats.

(ABl. EG Nr. L 374 vom 31. 12. 1987, S. 19; G/S/M, Europ. LVR, B I 1.7)

Die Benennung durch einen Registrierungsstaat von zwei oder mehr von ihm zugelassenen Luftverkehrsunternehmen für die Durchführung von Linienflugverkehr zwischen einem Flughafen oder Flughafensystem in seinem Hoheitsgebiet und einem Flughafen oder Flughafensystem im Hoheitsgebiet eines anderen Mitgliedstaates.

(ABl. EG Nr. L 217 vom 11. 8. 1990, S. 1; G/S/M, Europ. LVR, B I 1.10)

→ *multiple* designation on a city-pair basis (engl.)

→ *désignation* multiple sur la base de paires de villes (frz.)

→ *Назначеие нескольких авиационных предприятий между городами на двусторонней основе* (russ.)

M

• beteiligter **Mitgliedstaat/**
beteiligte **Mitgliedstaaten**

Der oder die betroffenen Mitgliedstaaten und der oder die Mitgliedstaaten, in dem oder in denen den jeweiligen Luftfahrtunternehmen, die den Flugverkehr durchführen, eine Betriebserlaubnis erteilt wurde.

(ABl. EG Nr. L 240 vom 24. 8. 1992, S. 8; G/S/M, Europ. LVR, B I 1.15)

(ABl. EG Nr. L 240 vom 24. 8. 1992, S. 15; G/S/M, Europ. LVR, B I 1.16)

→ Member *State(s)* involved (engl.)

→ *États* membres impliqués (frz.)

→ *Участвующее государство-член Сообщества/ участвующие государства-члены Сообщества* (russ.)

• betroffener **Mitgliedstaat/**
betroffene **Mitgliedstaaten**

Der oder die betroffenen Mitgliedstaaten und der oder die Mitgliedstaaten, in dem oder in denen den jeweiligen Luftfahrtunternehmen, die den Flugverkehr durchführen, eine Betriebserlaubnis erteilt wurde.

(ABl. EG Nr. L 240 vom 24. 8. 1992, S. 8; G/S/M, Europ. LVR, B I 1.15)

Der oder die Mitgliedstaaten, zwischen denen bzw. in dem oder in denen ein Flugpreis oder eine Luftfrachtrate gilt.

(ABl. EG Nr. L 240 vom 24. 8. 1992, S. 15; G/S/M, Europ. LVR, B I 1.16).

→ Member *State(s)* concerned (engl.)

→ *États* membres concernés (frz.)

→ *Затронутое государство-член Сообщества/затронутые государства-члены Сообщества* (russ.)

• Mutterluftfahrtunternehmen

Ein Luftfahrtunternehmen, das unmittelbar oder mittelbar, allein oder gemeinschaftlich Eigentümer eines Systemverkäufers ist oder ihn kontrolliert sowie ein Luftfahrtunternehmen, das dem Mutterluftfahrtunternehmen gehört oder von diesem tatsächlich kontrolliert wird.

(ABl. Nr. L 220 vom 29. 7. 1989, S. 1; G/S/M, Europ. LVR, B I 1.8)

Ein Luftfahrtunternehmen, das entweder selbst ein Systemverkäufer oder unmittelbar oder mittelbar, allein oder gemeinschaftlich Eigentümer eines Systemverkäufers ist, der ihn kontrolliert.

(ABl. EG Nr. L 239 vom 30. 8. 1988, S. 13; G/S/M, Europ. LVR, B I 2.2)

M

(ABl. EG Nr. L 10 vom 15. 1. 1991, S. 9; G/S/M, Europ. LVR, B I 2.6)

Ein Luftfahrtunternehmen, das mittelbar allein oder gemeinschaftlich Eigentümer eines Systemverkäufers ist oder ihn kontrolliert sowie ein Luftfahrtunternehmen, das dem Mutterluftfahrtunternehmen gehört oder von ihm tatsächlich kontrolliert wird.

(ABl. EG Nr. L 333 vom 31. 12. 1993, S. 37; G/S/M, Europ. LVR, B I 2.14)

→ *parent* carrier (engl.)

→ *transporteur* associé (frz.)

→ *Головное авиационное предприятие* (russ.)

• Nachtarbeiter

Einerseits: jeder Arbeitnehmer, der während der Nachtzeit normalerweise mindestens drei Stunden seiner täglichen Arbeitszeit verrichtet,

andererseits: jeder Arbeitnehmer, der während der Nachtzeit gegebenenfalls einen bestimmten Teil seiner jährlichen Arbeitzeit verrichtet, der nach Wahl des jeweiligen Mitgliedstaats festgelegt wird

– nach Anhörung der Sozialpartner in den einzelstaatlichen Rechtsvorschriften oder

– in Tarifverträgen oder Vereinbarungen zwischen den Sozialpartnern auf nationaler oder regionaler Ebene.

(ABl. EG Nr. L 307 vom 13. 12. 1993, S. 18; G/S/M, Europ. LVR, B IV 1.6)

→ *night* worker (engl.)

→ *travailleur* de nuit (frz.)

→ *Работник ночной смены* (russ.)

• Nachtzeit

Jede, in den einzelstaatlichen Rechtsvorschriften festgelegte Zeitspanne von mindestens sieben Stunden, welche auf jeden Fall die Zeitspanne zwischen 24 Uhr und 5 Uhr umfaßt.

(ABl. EG Nr. L 307 vom 13. 12. 1993, S. 18; G/S/M, Europ. LVR, B IV 1.6)

N

→ *night* time (engl.)

→ *période* nocturne (frz.)

→ *Ночное время* (russ.)

• **Neubewerber**

Ein Luftfahrtunternehmen, das für einen beliebigen Tag Zeitnischen auf einem Flughafen beantragt und auf dem betreffenden Flughafen an dem betreffenden Tag über weniger als vier Zeitnischen verfügt bzw. weniger als vier Zeitnischen zugewiesen bekommen hat,

oder

ein Luftfahrtunternehmen, das Zeitnischen für einen Flugdienst ohne Zwischenlandung zwischen zwei Gemeinschaftsflughäfen beantragt, auf denen an dem betreffenden Tag höchstens zwei weitere Luftfahrtunternehmen einen direkten Flugdienst zwischen diesen Flughäfen oder Flughafensystemen betreiben, und auf dem betreffenden Flughafen an dem betreffenden Tag für den betreffenden Flugdienst ohne Zwischenlandung über weniger als vier Zeitnischen verfügt bzw. weniger als vier Zeitnischen zugewiesen bekommen hat.

Ein Luftfahrtunternehmen, das über mehr als 3 v. H. aller an dem betreffenden Tag auf einem bestimmten Flughafen vorhandenen Zeitnischen oder über mehr als 2 v. H. aller der Zeitnischen verfügt, die an dem betreffenden Tag in einem Flughafensystem, zu dem der betreffende Flughafen gehört, vorhanden sind, gilt auf dem betreffenden Flughafen nicht als Neubewerber.

(ABl. EG Nr. L 14 vom 22. 1. 1993, S. 1; G/S/M, Europ. LVR, B I 1.19)

→ *new* entrant (engl.)

→ *nouvel* arrivant (frz.)

→ *Новый претендент* (russ.)

• Nichtbeförderung

Das Zurückweisen von Fluggästen, obwohl sie

- einen gültigen Flugschein und
- für diesen Flug eine bestätigte Buchung vorweisen können und
- sich rechtzeitig und unter Einhaltung der sonstigen Bedingungen vor dem Abflug gemeldet haben.

(ABl. EG Nr. L 36 vom 8. 2. 1991, S. 5; G/S/M, Europ. LVR, B I 1.13)

→ denied *boarding* (engl.)

→ *refus* d'embarquement (frz.)

→ *Отказ в предоставлении места на самолет* (russ.)

• Nur-Sitzplatz-Verkauf

Verkauf ausschließlich von Sitzplätzen – ohne Zusatzleistungen wie Unterbringung – durch das Luftfahrtunternehmen, seine bevollmächtigten Agenturen oder einen Charterer unmittelbar an die Öffentlichkeit.

N

(ABl. EG Nr. L 240 vom 24. 8. 1992, S. 8; G/S/M, Europ. LVR, B I 1.15)

→ *seat-only* sales (engl.)

→ *vente* de sièges (frz.)

→ *Только продажа мест* (russ.)

• Pauschalreise

Die im voraus festgelegte Verbindung von mindestens zwei der folgenden Dienstleistungen, die zu einem Gesamtpreis verkauft oder zum Verkauf angeboten wird, wenn diese Leistung länger als 24 Stunden dauert oder eine Übernachtung einschließt:

– Beförderung,

– Unterbringung,

– andere touristische Dienstleistungen, die nicht Nebenleistungen von Beförderung oder Unterbringung sind und einen beträchtlichen Teil der Gesamtleistung ausmachen.

Auch bei getrennter Berechnung einzelner Leistungen, die im Rahmen ein und derselben Pauschalreise erbracht werden, bleibt der Veranstalter oder Vermittler den Verpflichtungen nach dieser Richtlinie unterworfen.

(ABl. EG Nr. L 158 vom 23. 6. 1990, S. 59; G/S/M, Europ. LVR, B IV 1.2)

→ *package* (engl.)

→ *fortfait* (frz.)

→ *Паушальная путевка* (russ.)

R

• Regionalflughafen

Ein Flugplatz der *Kategorie 2 oder 3 des Anhangs II [dieser Richtlinie]*.

(ABl. EG Nr. L 374 vom 31. 12. 1987, S. 19; G/S/M, Europ. LVR, B I 1.7)

Jeder andere Flughafen als die Flughäfen, die in der Liste des Anhangs II als Flughäfen der Kategorie 1 aufgeführt sind.

(ABl. Nr. L 217 vom 11. 8. 1990, S. 1; G/S/M, Europ. LVR, B I 1.10)

→ regional *airport* (engl.)

→ *aéroport* regional (frz.)

→ *Региональный аэропорт* (russ.)

• Registrierungsstaat

Der Mitgliedstaat, in dem die *unter Buchstabe a) [→ Luftverkehrsunternehmen]* genannte Betriebserlaubnis ausgestellt wird.

(ABl. Nr. L 217 vom 11. 8. 1990, S. 1; G/S/M, Europ. LVR, B I 1.10)

(ABl. EG Nr. L 240 vom 24. 8. 1992, S. 8; G/S/M, Europ. LVR, B I 1.15)

→ *State* of Registration (engl.)

→ *État* d'enregistrement (frz.)

→ *Государство регистрации* (russ.)

• Ruhezeit

Jede Zeitspanne außerhalb der Arbeitszeit.

(ABl. EG Nr. L 307 vom 13. 12. 1993, S. 18; G/S/M, Europ. LVR, B IV 1.6)

→ *rest* period (engl.)

→ *période* de repos (frz.)

→ *Нерабочее время* (russ.)

S

• Schichtarbeit

Jeder Form der Arbeitsgestaltung kontinuierlicher oder nicht kontinuierlicher Art mit Belegschaften, bei der Arbeitnehmer nach einem bestimmten Zeitplan, auch im Rotationsturnus, sukzessive an den gleichen Arbeitsstellen eingesetzt werden, so daß sie ihre Arbeit innerhalb eines Tages oder Wochen umfassenden Zeitraums zu unterschiedlichen Zeiten verrichten müssen.

(ABl. EG Nr. L 307 vom 13. 12. 1993, S. 18; G/S/M, Europ. LVR, B IV 1.6)

→ *shift* work (engl.)

→ *travail* posté (frz.)

→ *Работа в смену* (russ.)

• Schichtarbeiter

Jeder in einem Schichtarbeitsplan eingesetzte Arbeitnehmer.

(ABl. EG Nr. L 307 vom 13. 12. 1993, S. 18; G/S/M, Europ. LVR, B IV 1.6)

→ *shift* worker (engl.)

→ *travailleur* posté (frz.)

→ *Работающий в смену* (russ.)

DEUTSCH

• innergemeinschaftliche **Seereise**

Die Fahrt eines eine regelmäßige Verbindung zwischen zwei oder mehr bestimmten Gemeinschaften sicherstellenden Wasserfahrzeugs zwischen zwei Gemeinschaftshäfen ohne Zwischenanlaufen eines Hafens.

(ABl. EG Nr. L 374 vom 31. 12. 1990, S. 4; G/S/M, Europ. LVR, B IV 1.4)

→ intra-Community *sea-crossing* (engl.)

→ *traversée* maritime intracommunautaire (frz.)

→ *Морское сообщение внутри Сообщества* (russ.)

• **Sicherheitsempfehlung**

Ein Vorschlag zur Verhütung von Unfällen und Störungen, den die Untersuchungsstelle des die technische Untersuchung durchführenden Staates auf der Grundlage von Informationen unterbreitet, die sich während der Untersuchung ergeben haben.

(ABl. EG Nr. L 319 vom 12. 12. 1994, S. 14; G/S/M, Europ. LVR, B II 1.9)

→ *safety* recommendation (engl.)

→ *recommandation* de sécurité (frz.)

→ *Рекомендация по обеспечению безопасности* (russ.)

S

• Sitztarife

In ECU oder in Landeswährung ausgedrückte Preise, die von Charterern für die eigene Beförderung oder die ihrer Kunden einschließlich des Gepäcks im Flugverkehr an Luftfahrtunternehmen zu zahlen sind sowie etwaige Bedingungen, unter denen diese Preise gelten, einschließlich des Entgelts und der Bedingungen, die Agenturen und anderen Hilfsdiensten geboten werden.

(ABl. EG Nr. L 240 vom 24. 8. 1992, S. 15; G/S/M, Europ. LVR, B I 1.16)

→ *seat* rates (engl.)

→ *prix* d'affrètement par siège (frz.)

→ *Посадочные тарифы* (russ.)

• Sport- oder Geschäftsluftfahrzeug

Privates Luftfahrzeug zu Reisezwecken, dessen Route von den Reisenden beliebig festgesetzt wird.

(ABl. EG Nr. L 374 vom 31. 12. 1990, S. 4; G/S/M, Europ. LVR, B IV 1.4)

→ *tourist* or business aircraft (engl.)

→ *aéronefs* de tourisme ou d'affaires (frz.)

→ *Воздушное судно, используемое в спортивных или деловых целях* (russ.)

• beteiligter **Staat**

Ein Mitgliedstaat – außer dem Heimatstaat – in dem die Flughäfen eines interregionalen Linienflugverkehrs liegen.

(ABl. EG Nr. L 237 vom 26. 8. 1983, S. 19; G/S/M, Europ. LVR, B I 1.1)

→ *State* affected (engl.)

→ *État* concerné (frz.)

→ *Участвующее государство* (russ.)

• beteiligte **Staaten**

Mitgliedstaaten, zwischen denen der betreffende Fluglinienverkehr durchgeführt wird.

(ABl. EG Nr. L 374 vom 31. 12. 1987, S. 12; G/S/M, Europ. LVR, B I 1.6)

(ABl. EG Nr. L 374 vom 31. 12. 1987, S. 19; G/S/M, Europ. LVR, B I 1.7)

Mitgliedstaaten, zwischen denen Linienflugverkehr durchgeführt wird.

(ABl. EG Nr. L 217 vom 11. 8. 1990, S. 1; G/S/M, Europ. LVR, B I 1.9)

(ABl. Nr. 217 vom 11. 8. 1990, S. 1; G/S/M, Europ. LVR, B I 1.10)

Mitgliedstaaten, zwischen denen ein Luftfrachtdienst betrieben wird.

S

(ABl. EG Nr. L 36 vom 8. 2. 1991, S. 5; G/S/M, Europ. LVR, B I 1.13)

→ *States* concerned (engl.)

→ *États* concernés (frz.)

→ *Участвующие государства* (russ.)

• Standardfrachtraten

Die Entgelte, die das Luftfahrtunternehmen im Regelfall für die Frachtbeförderung in Rechnung stellen würde und die Bedingungen, unter denen diese Entgelte ungeachtet etwaiger Sonderrabatte gelten.

(ABl. EG Nr. L 36 vom 8. 2. 1991, S. 1; G/S/M, Europ. LVR, B I 1.12)

Die Tarife, die das Luftfahrtunternehmen im Regelfall anbieten würde, einschließlich normaler Rabatte.

(ABl. EG Nr. L 240 vom 24. 8. 1992, S. 15; G/S/M, Europ. LVR, B I 1.16)

→ standard *cargo* rates (engl.)

→ *tarifs* de fret standard (frz.)

→ *Стандартные грузовые ставки* (russ.)

DEUTSCH

• Störung

Ein anderes Ereignis als ein Unfall, das mit dem Betrieb eines Luftfahrzeugs zusammenhängt und den sicheren Betrieb beeinträchtigt oder beeinträchtigen könnte.

(ABl. EG Nr. L 319 vom 12. 12. 1994, S. 14; G/S/M, Europ. LVR, B II 1.9)

→ *incident* (engl.)

→ *incident* (frz.)

→ *Инцидент во время полета* (russ.)

• schwere **Störung**

Eine Störung, deren Umstände darauf hindeuten, daß sich beinahe ein Unfall ereignet hätte. Beispiele für schwere Störungen sind *im Anhang [dieser Richtlinie]* aufgeführt.

(ABl. EG Nr. L 319 vom 12. 12. 1994, S. 14; G/S/M, Europ. LVR, B II 1.9)

→ serious *incident* (engl.)

→ *incident* grave (frz.)

→ *Серьезный инцидент* (russ.)

S

• Systemverkäufer

Ein Unternehmen und seine Tochterunternehmen, die für den Betrieb oder die Vermarktung eines CRS verantwortlich sind.

(ABl. EG Nr. L 220 vom 29. 7. 1989, S. 1; G/S/M, Europ. LVR, B I 1.8)

(ABl. EG Nr. L 10 vom 15. 1. 1991, S. 9; G/S/M, Europ. LVR, B I 2.6)

(ABl. EG Nr. L 333 vom 31. 12. 1993, S. 37; G/S/M, Europ. LVR, B I 2.14)

Ein Unternehmen, das ein computergesteuertes Buchungssystem betreibt.

(ABl. EG Nr. L 239 vom 30. 8. 1988, S. 13; G/S/M, Europ. LVR, B I 2.2)

→ *system* vendor (engl.)

→ *vendeur* de système (frz.)

→ *Продавец компьютерной системы* (russ.)

• Unfall

Ein Ereignis beim Betrieb eines Luftfahrzeugs vom Beginn des Anbordgehens von Personen mit Flugabsicht bis zu dem Zeitpunkt, zu dem alle diese Personen das Luftfahrzeug wieder verlassen haben, wenn hierbei

1. eine Person tödlich oder schwer verletzt worden ist

   – an Bord eines Luftfahrzeugs oder

   – durch unmittelbare Berührung mit dem Luftfahrzeug oder einem seiner Teile, auch wenn sich dieser Teil von dem Luftfahrzeug gelöst hat, oder

   – durch unmittelbare Einwirkung des Turbinenstrahls eines Luftfahrzeugs,

   es sei denn, daß diese Verletzungen dem Geschädigten durch sich selbst oder von einer anderen Person zugefügt worden sind oder eine andere natürliche Ursache haben oder daß es sich um Verletzungen von unbefugt mitfliegenden Personen handelt, die sich außerhalb der den Fluggästen und den Besatzungsmitgliedern normalerweise zugänglichen Räume verborgen hatten, oder

2. das Luftfahrzeug oder die Luftfahrzeugzelle einen Schaden erlitten hat und

   – der Festigkeitsverband der Luftfahrzeugzelle, die Flugleistungen oder die Flugeigenschaften dadurch beeinträchtigt worden sind und

   – die Behebung dieses Schadens in aller Regel eine große Reparatur oder einen Austausch des beschädigten Luftfahrzeugteils erfordern würde, es sei denn, daß nach einem Triebwerksschaden oder Triebwerksausfall die Beschädigung des Luftfahrzeugs begrenzt ist auf das betroffene Triebwerk, seine Verkleidung oder sein Zubehör oder daß der Schaden an einem Luftfahrzeug begrenzt ist auf Schäden an Propellern, Flügelspitzen, Funkantennen, Bereifung, Bremsen, Beplankung oder auf kleinere Einbeulungen oder Löcher in der Außenhaut, oder

3. das Luftfahrzeug vermißt wird oder völlig unzugänglich ist.

(ABl. EG Nr. L 319 vom 12. 12. 1994, S. 14; G/S/M, Europ. LVR, B II 1.9)

→ *accident* (engl.)

→ *accident* (frz.)

→ *Несчастный случай* (russ.)

• **Unternehmen**

Jede natürliche oder juristische Person mit oder ohne Gewinnerzielungsabsicht sowie jede amtliche Einrichtung, unabhängig davon, ob diese eine eigene Rechtspersönlichkeit besitzt oder nicht.

(ABl. EG Nr. L 240 vom 24. 8. 1992, S. 1; G/S/M, Europ. LVR, B II 1.8)

Eine natürliche Person, eine juristische Person mit oder ohne Gewinnerzielungsabsicht oder eine amtliche Ein-

richtung, unabhängig davon, ob diese eigene Rechtspersönlichkeit besitzt oder nicht.

(ABl. EG Nr. L 319 vom 12. 12. 1994, S. 14, G/S/M,
Europ. LVR, B II 1.9)

→ *undertaking* (engl.)

→ *entreprise* (frz.)

→ *Предприятие* (russ.)

• Untersuchung

Ein Verfahren zum Zweck der Verhütung von Unfällen
und Störungen, das die Sammlung und Auswertung
von Informationen, die Erarbeitung von Schlußfolge-
rungen einschließlich der Feststellung der Ursachen
und gegebenenfalls die Erstellung von Sicherheits-
empfehlungen umfaßt.

(ABl. EG Nr. L 319 vom 12. 12. 1994, S. 14; G/S/M,
Europ. LVR, B II 1.9)

→ *investigation* (engl.)

→ *enquête* (frz.)

→ *Расследование* (russ.)

• Untersuchungsführer

Eine Person, der aufgrund ihrer Qualifikation die Ver-
antwortung für Organisation, Durchführung und Be-
aufsichtigung einer Untersuchung übertragen wird.

U

(ABl. EG Nr. L 319 vom 12. 12. 1994, S. 14; G/S/M, Europ. LVR, B II 1.9)

→ *investigator* -in-charge (engl.)

→ *enquêteur* désigné (frz.)

→ *Руководитель расследования* (russ.)

• Ursachen

Handlungen, Unterlassungen, Ereignisse oder Umstände oder eine Kombination dieser Faktoren, die zu einem Unfall oder einer Störung geführt haben.

(ABl. EG Nr. L 319 vom 12. 12. 1994, S. 14; G/S/M, Europ. LVR, B II 1.9)

→ *causes* (engl.)

→ *causes* (frz.)

→ *Причины* (russ.)

• Veranstalter

Die Person, die nicht nur gelegentlich Pauschalreisen organisiert und sie direkt oder über einen Vermittler verkauft oder zum Verkauf anbietet.

(ABl. EG Nr. L 158 vom 23. 6. 1990, S. 59; G/S/M, Europ. LVR, B IV 1.2)

→ *organizer* (engl.)

→ *organisateur* (frz.)

→ *Организатор* (russ.)

• Verbesserung der Leistung

Produkte oder Leistungen, die keine Vertriebsmöglichkeiten sind und die ein Systemverkäufer von sich aus abonnierten Benutzern in Verbindung mit einem CRS bietet.

(ABl. EG Nr. L 220 vom 29. 7. 1989, S. 1; G/S/M, Europ. LVR, B I 1.8)

→ *service* enhancement (engl.)

→ *amélioration* de service (frz.)

→ *Совершенствование услуг* (russ.)

V

• Verbraucher

Eine Person, die Auskunft über ein Luftverkehrsprodukt wünscht und/oder dieses zu erwerben beabsichtigt.

(ABl. EG Nr. L 220 vom 29. 7. 1989, S. 1; G/S/M, Europ. LVR, B I 1.8)

(ABl. EG Nr. L 333 vom 31. 12. 1993, S. 37; G/S/M, Europ. LVR, B I 2.14)

Die Person, welche die Pauschalreise bucht oder zu buchen sich verpflichtet (»der Hauptkontrahent«), oder jede Person, in deren Namen der Hauptkontrahent sich zur Buchung der Pauschalreise verpflichtet (»die übrigen Begünstigten«), oder jede Person, der der Hauptkontrahent oder einer der übrigen Begünstigten die Pauschalreise abtritt (»der Erwerber«).

(ABl. EG Nr. L 158 vom 23. 6. 1990, S. 59; G/S/M, Europ. LVR, B IV 1.2)

Eine natürliche Person, die bei Verträgen, die unter diese Richtlinie fallen, zu einem Zweck handelt, der nicht ihrer gewerblichen oder beruflichen Tätigkeit zugerechnet werden kann.

(ABl. EG Nr. L 95 vom 21. 4. 1993, S. 29; G/S/M, Europ. LVR, B IV 1.5)

→ *consumer* (engl.)

→ *consommateur* (frz.)

→ *Потребитель* (russ.)

• Vereinbarungen

Die im Rahmen der Europäischen Zivilluftfahrtkonferenz (ECAC) getroffenen Vereinbarungen über die Zusammenarbeit bei der Ausarbeitung und Durchführung gemeinsamer Vorschriften auf allen Gebieten, die mit der Sicherheit und dem sicheren Betrieb von Luftfahrzeugen zusammenhängen. Diese Vereinbarungen sind im *Anhang I [dieser Richtlinie]* aufgeführt.

(ABl. EG Nr. L 373 vom 31. 12. 1991, S. 4; G/S/M, Europ. LVR, B II 1.6)

→ *arrangements* (engl.)

→ *arrangements* (frz.)

→ *Соглашения* (russ.)

• Verkehrsrecht

Das Recht eines Luftfahrtunternehmens zur Beförderung von Fluggästen, Fracht und/oder Post auf einem Flugdienst zwischen zwei Flughäfen der Gemeinschaft.

(ABl. EG Nr. L 240 vom 24. 8. 1992, S. 8; G/S/M, Europ. LVR, B I 1.15)

→ *traffic* right (engl.)

→ *droit* de trafic (frz.)

→ *Право на осуществление перевозок* (russ.)

V

• Verkehrsrecht der dritten Freiheit

Befugnis eines in einem Staat zugelassenen Luftverkehrsunternehmens, Personen, Fracht und Post, die es dort aufgenommen hat, in einem anderen Staat abzusetzen.

(ABl. EG Nr. L 217 vom 11. 8. 1990, S. 1; G/S/M, Europ. LVR, B I 1.9)

(ABl. EG Nr. L 217 vom 11. 8. 1990, S. 1; G/S/M, Europ. LVR, B I 1.10)

Die Befugnis eines in einem Staat zugelassenen Luftfahrtunternehmens, in dem Staat, in dem es zugelassen ist, Personen, Fracht und Post aufzunehmen und in einem anderen Staat abzusetzen.

(ABl. Nr. L 36 vom 8. 2. 1991, S. 1; G/S/M, Europ. LVR, B I 1.12)

→ third-freedom *traffic* right (engl.)

→ *droit* de trafic de troisième liberté (frz.)

→ *Право на осуществление перевозок по третьей свободе* (russ.)

• Verkehrsrecht der vierten Freiheit

Die Befugnis eines in einem Staat zugelassenen Luftverkehrsunternehmens, Personen, Fracht und Post in einem anderen Staat aufzunehmen, um sie in dem Staat abzusetzen, in dem es zugelassen ist.

(ABl. EG Nr. L 217 vom 11. 8. 1990, S. 1; G/S/M,
Europ. LVR, B I 1.9)

(ABl. EG Nr. L 217 vom 11. 8. 1990, S. 1; G/S/M,
Europ. LVR, B I 1.10).

Die Befugnis eines in einem Staat zugelassenen Luftfahrtunternehmens, Personen, Fracht und Post in einem anderen Staat aufzunehmen und in dem Staat
abzusetzen, in dem es zugelassen ist.

(ABl. EG Nr. L 36 vom 8. 2. 1991, S. 1; G/S/M, Europ.
LVR, B I 1.12)

→ fourth-freedom *traffic* right (engl.)

→ *droit* de trafic de quatrième liberté (frz.)

→ *Право на осуществление перевозок по
четвертой свободе* (russ.)

• Verkehrsrecht der fünften Freiheit

Die Befugnis eines Luftfahrtunternehmens, Beförderungen von Personen, Fracht und Post auf dem Luft-
wege zwischen zwei Staaten durchzuführen, von denen keiner der Staat ist, in dem es zugelassen ist.

(ABl. EG Nr. L 217 vom 11. 8. 1990, S. 1; G/S/M,
Europ. LVR, B I 1.9)

(ABl. EG Nr. L 217 vom 11. 8. 1990, S. 1; G/S/M,
Europ. LVR, B I 1.10)

Die Befugnis eines Luftfahrtunternehmens, Luftverkehr
zur Beförderung von Personen, Fracht und Post zwi-

schen zwei Staaten durchzuführen, von denen keiner der Staat ist, in dem es zugelassen ist.

→ fifth-freedom *traffic* right (engl.)

→ *droit* de cinquième liberté (frz.)

→ *Право на осуществление перевозок по пятой свободе* (russ.)

• schwere **Verletzung**

Eine Verletzung, die eine Person bei einem Unfall erlitten hat und die

1. einen Krankenhausaufenthalt von mehr als 48 Stunden innerhalb von sieben Tagen nach der Verletzung erfordert oder

2. Knochenbrüche zur Folge hat (mit Ausnahme einfacher Brüche von Fingern, Zehen oder der Nase) oder

3. Rißwunden zur Folge hat, die schwere Blutungen oder Verletzungen von Nerven-, Muskel- oder Sehnensträngen verursachen oder

4. Schäden an inneren Organen verursacht hat oder

5. Verbrennungen zweiten oder dritten Grades oder von mehr als 5% der Körperoberfläche zur Folge hat oder

6. Folge einer nachgewiesenen Aussetzung gegenüber infektiöse Stoffen oder schädlicher Strahlung ist.

(ABl. EG Nr. L 319 vom 12. 12. 1994, S. 14; G/S/M, Europ. LVR, B II 1.9)

→ serious *injury* (engl.)

→ *blessure* grave (frz.)

→ *Тяжелое увечье* (russ.)

• tödliche **Verletzung**

Eine Verletzung, die eine Person bei einem Unfall erlitten hat und die innerhalb von 30 Tagen nach dem Unfall deren Tod zur Folge hat.

(ABl. EG Nr. L 319 vom 12. 12. 1994, S. 14; G/S/M, Europ. LVR, B II 1.9)

→ fatal *injury* (engl.)

→ blessure *mortelle* (frz.)

→ *Смертельное ранение* (russ.)

• **Vermittler**

Die Person, welche die vom Veranstalter zusammengestellte Pauschalreise verkauft oder zum Verkauf anbietet.

(ABl. EG Nr. L 158 vom 23. 6. 1990, S. 59; G/S/M, Europ. LVR, B IV 1.2)

→ *retailer* (engl.)

→ *détaillant* (frz.)

→ *Посредник* (russ.)

V

• gemeinwirtschaftliche **Verpflichtung**

Die Verpflichtung eines Luftfahrtunternehmens, auf Strecken, für die ihm ein Mitgliedstaat eine Genehmigung erteilt hat, alle erforderlichen Vorkehrungen zu treffen, damit der Flugverkehr auf diesen Strecken in bezug auf Kontinuität, Regelmäßigkeit, Kapazität und Preisgestaltung festen Standards genügt, die das Luftfahrtunternehmen unter rein wirtschaftlichen Gesichtspunkten nicht einhalten würde.

(ABl. EG Nr. L 240 vom 24. 8. 1992, S. 8; G/S/M, Europ. LVR, B I 1.15)

→ public service *obligation* (engl.)

→ *obligation* de service public (frz.)

→ *Обязательство, диктуемое общественным интересом* (russ.)

• **Verpflichtung zur öffentlichen Dienstleistung**

Jegliche Verpflichtung eines Luftverkehrsunternehmens, hinsichtlich einer Flugstrecke, die zu bedienen es von einem Mitgliedstaat die Erlaubnis erhalten hat, alle erforderlichen Maßnahmen zu ergreifen, damit ein Flugdienst gewährleistet ist, der in bezug auf Beständigkeit, Regelmäßigkeit und Kapazität festen Normen entspricht, an die sich das Luftverkehrsunternehmen bei Beachtung rein kommerzieller Interessen nicht halten würde.

(ABl. EG Nr. L 217 vom 11. 8. 1990, S. 1; G/S/M, Europ. LVR, B I 1.10)

→ *public* service obligation (engl.)

→ *obligation* de service public (frz.)

→ *Обязанность осуществления воздушных перевозок, диктуемое общественным интересом* (russ.)

• Vertrag

Die Vereinbarung, die den Verbraucher an den Veranstalter und/oder Vermittler bindet.

(ABl. EG Nr. L 158 vom 23. 6. 1990, S. 59; G/S/M, Europ. LVR, B IV 1.2)

→ *contract* (engl.)

→ *contrat* (frz.)

→ *Договор* (russ.)

• Vertreiber

Ein Unternehmen, dem ein Systemverkäufer gestattet, Abonnenten Vertriebsmöglichkeiten anzubieten.

(ABl. EG Nr. L 333 vom 31. 12. 1993, S. 37; G/S/M, Europ. LVR, B I 2.14)

Ein Unternehmen, dem es vom Systemverkäufer gestattet ist, Vertriebsmöglichkeiten Abonnenten anzubieten.

V

(ABl. EG Nr. L 239 vom 30. 8. 1988, S. 13; G/S/M, Europ. LVR, B I 2.2)

(ABl. EG Nr. L 10 vom 15. 1. 1991, S. 9; G/S/M, Europ. LVR, B I 2.6)

→ *distributor* (engl.)

→ *distributeur* (frz.)

→ *Дистрибьютор* (russ.)

• Vertriebseinrichtungen

Die Einrichtungen, die von einem Systemverkäufer für die Vermittlung von Informationen über Flugpläne, das Sitzplatzangebot, Flugpreise und verbundene Leistungen von Luftfahrtunternehmen sowie für die Vornahme von Buchungen und/oder die Ausstellung von Flugscheinen und für sonstige damit verbundene Leistungen bereitgestellt werden.

(ABl. EG Nr. L 333 vom 31. 12. 1993, S. 37; G/S/M, Europ. LVR, B I 2.14)

→ *distribution* facilities (engl.)

→ *fonctionnalités* de distribution (frz.)

→ *Дистрибьюторское оборудование* (russ.)

• Vertriebsmöglichkeit(en)

Ein Angebot, das einem abonnierten Benutzer von einem Systemverkäufer für die Sichtanzeige von Informationen über Flugpläne, Tarife, verfügbare Sitzplätze sowie für die Vornahme von Buchungen oder die Ausstellung von Flugscheinen oder beides sowie für die Erbringung sonstiger verwandter Leistungen gemacht wird.

(ABl. EG Nr. L 10 vom 15. 1. 1991, S. 9; G/S/M, Europ. LVR, B I 2.6)

Die Angebote, die von einem Systemverkäufer für die Bereitstellung von Informationen über Flugpläne, verfügbare Sitzplätze, Flugpreise und verwandte Leistungen von Luftfahrtunternehmen sowie für die Vornahme von Buchungen und/oder die Ausstellung von Flugscheinen und für sonstige verwandte Leistungen gemacht werden.

(ABl. Nr. L 220 vom 29. 7. 1989, S. 1; G/S/M, Europ. LVR, B I 1.8)

Die Angebote, die an Abonnenten von einem Systemverkäufer für die Sichtanzeige von Informationen über Flugpläne, Tarife, verfügbare Sitzplätze sowie für die Vornahme von Buchungen oder die Ausstellung von Flugscheinen sowie für die Erbringung von verwandten Leistungen gemacht werden.

(ABl. EG Nr. L 239 vom 30. 8. 1988, S. 13; G/S/M, Europ. LVR, B I 2.2)

→ *distribution* facilities (engl.)

→ *fonctionnalités* de distribution;
   moyens de distribution (frz.)

→ *Канал(ы) сбыта* (russ.)

W

• Wassersportfahrzeug

Privates Wasserfahrzeug zu Reisezwecken, dessen Route von den Reisenden beliebig festgesetzt wird.

(ABl. EG Nr. L 374 vom 31. 12. 1990, S. 4; G/S/M, Europ. LVR, B IV 1.4)

→ *pleasure* craft (engl.)

→ *bateaux* de plaisance (frz.)

→ *Спортивное воднотранспортное судно* (russ.)

• Wirtschaftsplan

Eine genaue Beschreibung der vom Luftfahrtunternehmen beabsichtigten gewerblichen Tätigkeiten in dem betreffenden Zeitraum, insbesondere in bezug auf die Marktentwicklung und die Investitionsvorhaben einschließlich ihrer finanziellen und wirtschaftlichen Auswirkungen.

(ABl. EG Nr. L 240 vom 24. 8. 1992, S. 1; G/S/M, Europ. LVR, B II 1.8)

→ *business* plan (engl.)

→ *plan* d'entreprise (frz.)

→ *Хозяйственный план* (russ.)

• Zeitnische

Die flugplanmäßige Lande- oder Startzeit, die für eine Luftfahrzeugbewegung an einem bestimmten Tag auf einem im Sinne dieser Verordnung koordinierten Flughafen zur Verfügung steht oder zugewiesen wird.

(ABl. EG Nr. L 14 vom 22. 1. 1993, S. 1; G/S/M, Europ. LVR, B I 1.19)

→ *slot* (engl.)

→ *créneau* horaire (frz.)

→ *Временный интервал (слот)* (russ.)

• Zulassung (eines Produkts, eines Dienstes, einer Stelle oder einer Person):

Die rechtliche Anerkennung, daß das Erzeugnis, der Dienst, die Stelle oder die Person die geltenden Vorschriften erfüllt. Eine solche Zulassung umfaßt zwei Stufen:

1. eine Überprüfung, daß das Ergebnis, der Dienst, die Stelle oder die Person die geltenden Vorschriften erfüllt; dies wird als »technisches Feststellungsverfahren« bezeichnet;

2. die Rechtshandlung der förmlichen Anerkennung dieser Übereinstimmung mit den geltenden Vorschriften nach Ausstellung eines Zeugnisses, einer Erlaubnis, eines Genehmigungsscheins oder einer anderen Urkunde in der von den nationalen Rechts- und Verfahrensvorschriften vorgesehenen Form;

dies wird als »amtliches Feststellungsverfahren« bezeichnet.

(ABl. EG Nr. L 373 vom 31. 12. 1991, S. 4; G/S/M, Europ. LVR, B II 1.6)

→ *certification* (engl.)

→ *certification* (frz.)

→ *Сертификация* (russ.)

• Zulassungsstaat

Der Mitgliedstaat, in dem die *unter Buchstabe a)* [→ *Luftverkehrsunternehmen*] genannte Betriebserlaubnis erteilt wird.

(ABl. EG Nr. L 36 vom 8. 2. 1991, S. 5; G/S/M, Europ. LVR, B I 1.13)

→ *State* of registration (engl.)

→ *Etat* d'enregistrement (frz.)

→ *Государство регистрации* (russ.)

• accident

means an occurrence associated with the operation of an aircraft which takes place between the time any person boards the aircraft with the intention of flight until such time as all such persons have disembarked, in which:

1. a person is fatally or seriously injured as a result of:
   being in the aircraft, or
   direct contact with any part of the aircraft, including parts which have become detached from the aircraft, or
   direct exposure to jet blast, except when the injuries are from natural causes, self-inflicted or inflicted by other persons, or when the injuries are to stowaways hiding outside the areas normally available to the passengers and crew; or

2. the aircraft sustains damage or structural failure which:
   adversely affects the structural strength, performance or flight characteristics of the aircraft, and
   would normally require major repair or replacement of the affected component,
   except for engine failure or damage, when the damage is limited to the engine, its cowlings or accessories; or for damage limited to propellers, wing tips, antennas, tyres, brakes, fairings, small dents or puncture holes in the aircraft skin;

3. the aircraft is missing or is completely inaccessible.

(OJ No L 319, 12 December 1994, p. 14, G/S/M, European Air Law, B II 1.9)

A

→ Unfall (dt.)

→ accident (frz.)

→ *Несчастный случай* (russ.)

• acceptance of licences

means any act of recognition or validation by a Member State of licence issued by another Member State together with the privileges and certificates pertaining thereto. The acceptance, which may be effected through the issue by the Member State of a licence of its own, shall not extend beyond the period of validity of the original licence.

(OJ No L 373, 31 December 1991, p. 21; G/S/M, European Air Law, B II 1.5)

→ *Anerkennung* von Erlaubnissen (dt.)

→ *acceptation* de licence (frz.)

→ *Признание* (russ.)

• air cargo carrier

means an air transport enterprise in possession of a valid operating licence issued by a Member State and authorizing it to operate, at least, air cargo services.

(OJ No L 36, 8 February 1991, p. 1; G/S/M, European Air Law, B I 1.12)

→ *Luftfrachtunternehmen* (dt.)

→ *transporteur* aérien de fret (frz.)
→ *transporteur* de fret aérien (frz.)

→ *Авиационное предприятие для перевозки грузов* (russ.)

• Community **air cargo carrier**

means an air cargo carrier which has, and maintains, its central administration and principal place of business in the Community, and the majority of whose shares are, and continue to be, held by Member States and/or by nationals of Member States and which is, and continues to be, effecitvely controlled by such States or persons; or an air cargo carrier which meets the definition in *Article 2 (e) (ii) of Regulation (EEC No 2343/90 and is listed in the Annex hereto.*

(OJ No L 36, 8 February 1991, p. 1; G/S/M, European Air Law, B I 1.12)

→ *Luftfrachtunternehmen* der Gemeinschaft (dt.)

→ *transporteur* communautaire de fret aérien (frz.)

→ *Авиационное предприятие Сообщества для перевозки грузов* (russ.)

• **air cargo services**

means air services carrying only cargo and mail.

(OJ No L 36, 8 February 1991, p. 1; G/S/M, European Air Law, B I 1.12)

A

→ Luftfrachtdienste (dt.)

→ *services* de fret aérien (frz.)

→ *Грузовые авиаперевозки* (russ.)

• **air carrier**

means an air transport enterprise which has its central administration and principal place of business in the Community, the majority of whose shares are owned by nationals of Member States and/or Member States and which is effectively controlled by such persons or States or an air transport enterprise which, although it does not meet *the definition set out above,* at the time of adoption of this Directive:

A. either has its central administration and principal place of business in the Community and has been providing scheduled or non-scheduled air services in the Community during the 12 months prior to adoption of this Directive;

B. or has been providing scheduled services between Member States on the basis of the third and fourth freedoms of the air during the 12 months prior adoption of this Directive.

(OJ No L 237, 26 August 1983, p. 19; G/S/M, European Air Law, B I 1.1)

(OJ No L 217, 11 August 1990, p. 1; G/S/M, European Air Law, B I 1.9)

A

means an air transport enterprise with a valid operating licence to operate scheduled air services.

(OJ No L 374, 31 December 1987, p. 72; G/S/M, European Air Law, B I 1.6)

(OJ No L 374, 31 December 1987, p. 19; G/S/M, European Air Law, B I 1.7)

(OJ No L 217, 11 August 1990, p. 8; G/S/M, European Air Law, B I 1.10)

(OJ No L 240, 24 August 1992, p. 8; G/S/M, European Air Law, B I 1.15)

(OJ No L 240, 24 August 1992, p. 15; G/S/M, European Air Law, B I 1.16)

(OJ No L 240, 24 August 1992, p. 1; G/S/M, European Air Law, B II 1.8)

→ Luftverkehrsunternehmen;
   Luftfahrtunternehmen (dt.)

→ *compagnie* aérienne ;
   transporteur aérien (frz.)

→ *Авиационное предприятие* (russ.)

• third-freedom **air carrier**

means an air carrier having the right to put down, in the territory of another State, passengers, freight and mail taken up in the State in which it is registered.

(OJ No L 374, 31 December 1987, p. 72; G/S/M, European Air Law, B I 1.16)

(OJ No L 374, 31 December 1987, p. 19; G/S/M, European Air Law, B I 1.17)

→ *Luftfahrtunternehmen* der dritten Freiheit (dt.)

→ *transporteur* aérien de troisième liberté (frz.)

→ *Авиационное предприятие третьей свободы* (russ.)

• fourth-freedom **air carrier**

means an air carrier having the right to take on, in another State, passengers, freight and mail for off-loading in its State of registration.

(OJ No L 374, 31 December 1987, p. 72; G/S/M, European Air Law, B I 1.16)

(OJ No L 374, 31 December 1987, p. 19; G/S/M, European Air Law, B I 1.7)

→ *Luftfahrtunternehmen* der vierten Freiheit (dt.)

→ *transporteur* aérien de quatrième liberté (frz.)

→ *Авиационное предприятие четвертой свободы* (russ.)

• fifth-freedom **air carrier**

means an air carrier having the right to undertake the commercial air transport of passengers, freight and mail between two States other than its State of registration.

(OJ No L 374, 31 December 1987, p. 72; G/S/M, European Air Law, B I 1.6)

(OJ No L 374, 31 December 1987, p. 19; G/S/M, European Air Law, B I 1.7)

→ *Luftfahrtunternehmen* der fünften Freiheit (dt.)

→ *transporteur* aérien de cinquième liberté (frz.)

→ *Авиационное предприятие пятой свободы* (russ.)

• Community **air carrier**

means an air carrier which has its central administration and principal place of business in the Community, the majority of whose shares are owned by nationals of Member States and/or Member States and which is effectively controlled by such persons or States, or an air carrier which, although it does not meet *the definition set out* in, at the time of adoption of this Directive;

A. either has its central administration and principal place of business in the Community and has been providing scheduled or non-scheduled air services in the Community during the 12 months prior to adoption of this Directive;

B. or has been providing scheduled services between Member States on the basis of the third- and fourth-freedoms of the air during the 12 months prior to adoption of this Directive;

according to a published timetable, or

with flights so regular or frequent that they constitute a recognizably systematic series.

(OJ No L 374, 31 December 1987, p. 72; G/S/M, European Air Law, B I 1.6)

(OJ No L 374, 31 December 1987, p. 19; G/S/M, European Air Law, B I 1.7)

(OJ No L 217, 11 August 1990, p. 1; G/S/M, European Air Law, B I 1.9)

(OJ No L 217, 11 August 1990, p. 8; G/S/M, European Air Law, B I 1.10)

means an air carrier with a valid operating licence granted by a Member State in accordance with Council Regulation (EEC) No 2407/92 of 23 July 1992 of licensing of air carriers.

(OJ No L 240, 24 August 1992, p. 8; G/S/M, European Air Law, B I 1.15)

(OJ No L 240, 24 August 1992, p. 15; G/S/M, European Air Law, B I 1.16)

(OJ No L 14, 22 January 1993, p. 1; G/S/M, European Air Law, B I 1.19)

→ *Luftfahrtunternehmen* der Gemeinschaft; *Gemeinschafts-Luftverkehrsunternehmen* (dt.)

→ *transporteur* aérien communautaire (frz.)

→ *Авиационное предприятие Сообщества* (russ.)

ENGLISCH

• air fares

means the prices expressed in ecus or in local currency to be paid by passengers to air carriers or their agents for the carriage of them and for the carriage of their baggage on air services and any conditions under which those prices apply, including remuneration and conditions offered to agency and other auxiliary services.

(OJ No L 240, 24 August 1992, p. 15; G/M/S, European Air Law, B I 1.16)

→ Flugpreise (dt.)

→ tarif aérien (frz.)

→ *Тарифы* (russ.)

• scheduled **air fares**

means the prices to be paid in the applicable national currency for the carriage of passengers and baggage on scheduled air services and the conditions under which those prices apply, including remuneration and conditions offered to agency and other auxiliary services.

(OJ No L 374, 31 December 1987, p. 72; G/S/M, European Air Law, B I 1.6)

(OJ No L 217, 11 August 1990, p. 1; G/S/M, European Air Law, B I 1.9)

→ Fluglinientarife; Linienflugtarife (dt.)

→ tarif aérien régulièrs (frz)

→ *Тарифы в регулярном воздушном сообщении* (russ.)

A

• Air Operator's Certificate (AOC)

means a document issued to an undertaking or a group of undertakings by the competent authorities of the Member States which affirms that the operator in question has the professional ability and organization to secure the safe operation of aircraft for the aviation activities specified in the certificate.

(OJ No L 240, 24 August 1992, p. 1; G/S/M, European Air Law, B II 1.8)

→ Luftverkehrsbetreiberzeugnis (dt.)

→ *certificat* de transporteur aérien (AOC) (frz.)

→ *Сертификат эксплуатанта* (russ.)

• airport

means any area in a Member State which is open for commercial air transport operations.

(OJ No L 240, 24 August 1992, p. 8; G/S/M, European Air Law, B I 1.15)

→ Flughafen (dt.)

→ aéroport (frz.)

→ *Аэропорт* (russ.)

A

• community **airport**

means any airport situated in Community customs territory.

(OJ No L 374, 31 December 1991, p. 4; G/S/M, European Air Law, B IV 1.4)

→ Gemeinschaftsflughafen (dt.)
→ *aéroport* communautaire (frz.)
→ *Аэропорт Сообщества* (russ.)

• international Community **airport**

means any Community airport which, having been so authorized by the competent authorities, is approved for air traffic with third countries.

(OJ No L 374, 31 December 1991, p. 4; G/S/M, European Air Law, B IV 1.4)

→ internationaler *Gemeinschaftsflughafen* (dt.)
→ *aéroport* communautaire à caractère international (frz.)
→ *Международный аэропорт Сообщества* (russ.)

• coordinated **airport**

means an airport where a coordinator has been appointed to facilitate the operations of air carriers operating or intending to operate at that airport.

(OJ No L 14, 22 January 1993, p. 1; G/S/M, European Air Law, B I 1.19)

A

→ koordinierter *Flughafen* (dt.)

→ *aéroport* coordonné (frz.)

→ *Координированный аэропорт* (russ.)

• fully **coordinated airport**

means a coordinated airport where, in order to land or take off, during the periods for which it is fully coordinated, it is necessary for an air carrier to have a slot allocated by a coordinator.

(OJ No L 14, 31 January 1993, p. 1; G/S/M, European Air Law, B I 1.19)

→ vollständig koordinierter *Flughafen* (dt.)

→ *aéroport* entièrement coordonné (frz.)

→ *Полностью координированный аэропорт* (russ.)

• hub **airport**

means an airport included in the list in *Annex II as a category 1 [of this Directive]* airport.

(OJ No L 374, 31 December 1987, p. 19; G/S/M, European Air Law, B I 1.7)

→ Knotenpunktflughafen (dt.)

→ *aéroport* de première catégorie (frz.)

→ *Узловой аэропорт* (russ.)

• regional **airport**

means a *category 2 or 3* airport as listed in *Annex II [of this Directive]*.

(OJ No L 374, 31 December 1987, p. 19; G/S/M, European Air Law, B I 1.7)

means any airport other than one listed in *Annex II as a category 1 [of this Directive]* airport.

(OJ No L 217, 11 August 1990, p. 8; G/S/M, European Air Law, B I 1.10)

(OJ No L 240, 24 August 1992, p. 8; G/S/M, European Air Law, B I 1.15)

→ Regionalflugplatz (dt.)

→ *aéroport* régional (frz.)

→ *Региональный аэропорт* (russ.)

• **airport system**

means two or more airports grouped together as serving the same city.

(OJ No L 374, 31 December 1987, p. 19; G/S/M, European Air Law, B I 1.7)

(OJ No L 217, 11 August 1990, p. 8; G/S/M, European Air Law, B I 1.10)

(OJ No L 36, 8 February 1991, p. 1; G/S/M, European Air Law, B I 1.12)

(OJ No L 240, 24 August 1992, p. 8; G/S/M, European Air Law, B I 1.15)

A

(OJ No L 14, 22 January 1993, p. 1; G/S/M, European
Air Law, B I 1.19)

→ Flughafensystem (dt.)

→ *système* aéroportuaire (frz.)

→ *Система аэропортов* (russ.)

• air service

means a flight or a series of flights carrying passengers,
cargo and/or mail for remuneration and/or hire.

(OJ No L 240, 24 August 1992, p. 8; G/S/M, European
Air Law, B I 1.15)

(OJ No L 240, 24 August 1992, p. 15; G/S/M, European Air Law, B I 1.16)

→ Flugdienst (dt.)

→ *service* aérien (frz.)

→ *Прямые воздушные перевозки* (russ.)

• direct **air service**

means a service between two airports including stopovers with the same aircraft and same flight number.

(OJ No L 14, 22 January 1993, p. 1; G/S/M, European
Air Law, B I 1.19)

→ direkter *Flugdienst* (dt.)

→ *service* aérien direct (frz.)

→ *Прямые воздушные перевозки* (russ.)

• inter-regional **air service**

means a scheduled air service which may be authorized in accordance with *Article 1 [of this Directive]*.

(OJ No L 237, 26 August 1983, p. 19; G/S/M, European Air Law, B I 1.1)

→ interregionaler *Flugverkehr* (dt.)

→ *service* aérien interrégional (frz.)

→ *Межрегиональное воздушное сообщение* (russ.)

• scheduled **air service**

means a series of flights each possessing all the following charcteristics:

it is performed as defined in Article 1 for remuneration, in such a manner that each flight is open to use by members of the public. It is operated so as to serve traffic between the same two or more points, either

1. according to a published timetable, or

2. with flights so regular or frequent that they constitute a recognized systematic series.

(OJ No L 237, 26 August 1983, p. 19; G/S/M, European Air Law, B I 1.1)

means a series of flights each possessing all the following characteristics:

it passes through the airspace over the territory of more than one Member State.

it is performed by aircraft for the transport of passengers or passengers and cargo and/or mail for remuneration, in such a manner that on each flight seats are available for purchase by members of the public (either directly from the air carrier or from its authorized agents).

it is operated so as to serve traffic between the same two or more points, either:

according to a published timetable, or with flights so regular or frequent that they constitute a recognizably systematic series.

(OJ No L 374, 31 December 1987, p. 72; G/S/M, European Air Law, B I 1.6)

(OJ No L 374, 31 December 1987, p. 19; G/S/M, European Air Law, B I 1.7)

(OJ No L 217, 11 August 1990, p. 1; G/S/M, European Air Law, B I 1.9)

(OJ No L 217, 11 August 1990, p. 8; G/S/M, European Air Law, B I 1.10)

means a series of flights all possessing the following characteristics:

- performed by aircraft for the transport of passengers or passengers and cargo and/or mail for remuneration, in such a manner that seats are available on each flight for individual purchase by consumers either directly from the air carrier or from its authorized agents),

- operated so as to serve traffic between the same two or more points, either;

1. according to a published timetable; or

2. with flights so regular or frequent that they constitute a recognizably systematic series.

(OJ No L 220, 29 July 1989, p. 1; G/S/M, European Air Law, B I 1.8)

(OJ No L 240, 24 August 1992, p. 8; G/S/M, European Air Law, B I 1.15)

(OJ No L 333, 31 December 1993, p. 37; G/S/M, European Air Law, B I 2.14)

→ Linienflugverkehr;
  Fluglinienverkehr,
  planmäßiger *Flugdienst* (dt.)

→ *service* aérien régulier (frz.)

→ *Регулярное воздушное сообщение* (russ.)

• appliance

means any instrument, equipment, mechanism, apparatus or accessory used or intended to be used in operating an aircraft in flight, whether installed in, intended to be installed in, or attached to, a civil aircraft, but not forming part of an airframe, engine or propeller.

(OJ No L 373, 31 December 1991, p. 4; G/S/M, European Air Law, B II 1.6)

→ Ausrüstung (dt.)

→ équipement (frz.)

→ *Оборудование* (russ.)

A

• arrangements

means arrangements developed under the auspices of the European Civil Aviation Conference (ECAC) for co-operation in the development and implementation of joint requirements in all fields relating to the safety and safe operation of aircraft. These arrangements are specified in *Annex I [of this Directive]*.

(OJ No L 373, 31 December 1991, p. 4; G/S/M, European Air Law, B II 1.6)

→ Vereinbarungen (dt.)

→ arrangements (frz.)

→ *Соглашения* (russ.)

• air transport product

means both unbundled and bundled air transport products.

(OJ No L 220, 29 July 1989, p. 1; G/S/M, European Air Law, B I 1.8)

means the carriage by air of a passenger between two airports, including any related ancillary services and additional benefits offered for sale and/or sold as an integral part of that product.

(OJ No L 333, 31 December 1993, p. 37; G/S/M, European Air Law, B I 2.14)

→ Luftverkehrsprodukt (dt.)

→ *produit* de transport aérien (frz.)

→ *Авиатранспортная услуга* (russ.)

• bundled **air transport product**

means a pre-arranged combination of an unbundled air transport product with other services not ancillary to air transport, offered for sale and/or sold at an inclusive price.

(OJ No L 220, 29 July 1989, p. 1; G/S/M, European Air Law, B I 1.8)

→ gebündeltes *Luftverkehrsprodukt* (dt.)

→ *produit* de transport aérien (frz.)

→ *Пакет авиатранспортых услуг* (russ.)

• unbundled **air transport product**

means the carriage by air of a passenger between two airports, including any related ancillary services and additional benefits offered for sale and/or sold as an integral part of that product.

(OJ No L 220, 29 July 1989, p. 1; G/S/M, European Air Law, B I 1.8)

→ ungebündeltes *Luftverkehrsprodukt* (dt.)

→ *produit* de transport aérien (frz.)

→ *Самостоятельная авиатранспортная успуга, не включаемая в пакет услуг* (russ.)

B

• baggage

means all objects carried, by whatever means, by the person in the course of his journey.

(OJ No L 185, 4 July 1992, p. 8; G/S/M, European Air Law, B IV 2.3)

→ Gepäck (dt.)

→ bagages (frz.)

→ *Багаж* (russ.)

• hold **baggage**

means, if baggage has been checked in at the airport of departure and is not accessible to the person during the flight nor, where relevant, during the stopovers referred to in *Articles 3(1) and (2) and 5(1) and (2) of the basic Regulation [cf. Council Regulation (EEC) No 3925/91 in G/S/M, European Air Law, B IV 1.4].*

(OJ No L 185, 4 July 1992, p. 8; G/S/M, European Air Law, B IV 2.3)

→ aufgegebenes *Gepäck* (dt.)

→ *bagages* de soute (frz.)

→ *Сданный багаж* (russ.)

• cabin **baggage**

means, if the person takes it into the cabin of the aircraft.

(OJ No L 185, 4 July 1992, p. 8; G/S/M, European Air Law, B IV 2.3)

→ Hand*gepäck* (dt.)

→ *bagages* à main (frz.)

→ *Ручная кладь* (russ.)

• **basic fare**

means the lowest fully flexible fare, available on a one way and return basis, which is offered for sale at least to the same extent as that of any other fully flexible fare offered on the same air service.

(OJ No L 240, 24 August 1992, p. 15; G/S/M, Euroean Air Law, B I 1.16)

→ Grundpreis (dt.)

→ *tarif* de base (frz.)

→ *Базисный тариф* (russ.)

• denied **boarding**

means a refusal to accomodate passengers on a flight although they have:

– a valid ticket,

– a confirmed reservation on that flight, and

– presented themselves for check-in within the required time-limit

and as stipulated.

(OJ No L 36, 8 February 1991, p. 5; G/S/M, European Air Law, B I 1.13)

→ Nichtbeförderung (dt.)

→ *refus* d'embarquement (frz.)

→ *Отказ в предоставлении места на самолет* (russ.)

• business plan

means a detailed description of the air carrier's intended commercial activities for the period in question, in particular in relation to the market development and investments to be carried out, including the financial and economic implications of these activities.

(OJ No L 240, 24 August 1992, p. 1; G/S/M, European Air Law, B II 1.8)

→ Wirtschaftsplan (dt.)

→ *plan* d'entreprise (frz.)

→ *Хозяйственный план* (russ.)

• capacity

shall be expressed as the number of seats offered to the general public on a scheduled air service over a given period.

(OJ No L 374, 31 December 1987, p. 19; G/S/M, European Air Law, B I 1.7)

(OJ No L 217, 11 August 1990, p. 8; G/S/M, European Air Law, B I 1.10)

(OJ No L 240, 24 August 1992, p. 8; G/S/M, European Air Law, B I 1.15)

→ Kapazität (dt.)

→ capacité (frz.)

→ *Пассажиро-емкость* (russ.)

• capacity share

means the share of the air carrier(s) of a Member State expressed as a percentage of the total capacity in a bilateral relationship with another Member State, excluding any capacity provided under the provisions of *Article 6(3) [of this Directive] or under the terms of Directive 83/416/EEC and also capacity provided by a fifth-freedom air carrier.*

(OJ No L 374, 31 December 1987, p. 19; G/S/M, European Air Law, B I 1.7)

(OJ No L 217, 11 August 1990, p. 8; G/S/M, European Air Law, B I 1.10)

ENGLISCH

C

→ Kapazitätsanteil (dt.)

→ *quote-part* de capacité (frz.)

→ *Доля участия в пассажиро-емкости* (russ.)

• cargo rates

means the prices to be paid in the national currency for the carriage of cargo and the conditions under which these rates apply, including remuneration and conditions offered to agency and other auxiliary services.

(OJ No L 36, 8 February 1991, p. 1; G/S/M, European Air Law, B I 1.12)

means the prices expressed in ecus or in local currency to be paid for the carriage of cargo and the conditions under which those prices apply, including remuneration and conditions offered to agency and other auxiliary services.

(OJ No L 240, 24 August 1992, p. 15; G/S/M, European Air Law, B I 1.16)

→ Frachtraten (dt.)

→ *tarifs* de fret (frz.)

→ *Грузовые тарифы* (russ.)

• standard **cargo rates**

means the prices which the air carrier would normally quote for the carriage of cargo and the conditions under which these rates apply without taking into account any special discounts.

(OJ No L 36, 8 February 1991, p. 1; G/S/M, European Air Law, B I 1.12)

(OJ No L 240, 24 August 1992, p. 15; G/S/M, European Air Law, B I 1.16)

→ Standardfrachtraten (dt.)

→ *tarifs* de fret standard (frz.)

→ *Стандартные грузовые ставки* (russ.)

• parent **carrier**

means any air carrier which directly or indirectly, alone or jointly with others, owns or effectively controls a system vendor, as well as any air carrier which it owns or effectively controls.

(OJ No L 220, 29 July 1989, p. 1; G/S/M, European Air Law, B I 1.8)

(OJ No L 239, 30 August 1988, p. 13; G/S/M, European Air Law, B I 2.2)

(OJ No L 333, 31 December 1993, p. 37; G/S/M, European Air Law, B I 2.14)

means an air carrier which is a system vendor or which directly or indirectly, alone or jointly with others, owns or controls a system vendor.

(OJ No L 10, 15 January 1991, p. 9; G/S/M, European Air Law, B I 2.6)

→ Mutterluftfahrtunternehmen (dt.)

→ *transporteur* associé (frz.)

→ *Головное авиационное предпиятие* (russ.)

• participating **carrier**

means an air carrier which has an agreement with a system vendor for the distribution of air transport products through a CRS. To the extent that a parent carrier uses the facilities of its own CRS which are covered by this Regulation, it shall be considered a participating carrier.

(OJ No L 220, 29 July 1989, p. 1; G/S/M, European Air Law, B I 1.8)

(OJ No L 333, 31 December 1993, p. 37; G/S/M, European Air Law, B I 2.14)

an air carrier which has an agreement with a system vendor for the display of its flight schedules, fares or seat availability or for reservations to be made or tickets to be issued through the CRS for the sale of air transport services to members of the public. To the extent that a parent carrier uses its own CRS distribution facilities it is considered a participating carrier.

(OJ No L 239, 30 August 1988, p. 13; G/S/M, European Air Law, B I 2.2)

means an air carrier which has an agreement with a system vendor for the distribution of its services through a CRS. To the extent that a parent carrier uses the distribution facilities of its own CRS, it is considered a participating carrier.

(OJ No L 10, 15 January 1991, p. 9; G/S/M, European Air Law, B I 2.6)

→ teilnehmendes *Luftfahrtunternehmen* (dt.)

→ *transporteur* participant (frz.)

→ *Участвующее авиационное предприятие* (russ.)

• **causes**

means actions, omissions, events or conditions, or a combination thereof, which led to the accident or incident.

(OJ No L 319, 12 December 1994, p. 14; G/S/M, European Air Law, B II 1.9)

→ Ursachen (dt.)

→ causes (frz.)

→ *Причины* (russ.)

C

- **certification** (of a product, service, organization or person):

means any form of legal recognition that such a product, service, body or person complies with the applicable requirements. Such certification comprises two acts:

1. the act of checking that technically the product, service, organization or person complies with the applicable requirements; this act is referred to as 'making the technical findings'.

2. the act of formal recognition of such compliance with the applicable requirements by the issue of a certificate, licence, approval or other document in the manner required by national laws and procedures; this act is referred to as 'making the legal findings'.

(OJ No L 373, 31 December 1991, p. 4; G/S/M, European Air Law, B II 1.6)

→ Zulassung (dt.)

→ certification (frz.)

→ *Сертификация* (russ.)

- **Charter fares**

means the prices expressed in ecus or in local currency to be paid by passengers to charterers for services which constitute or include their carriage and the carriage of their baggage on air services and any condi-

tions under which those prices apply, indluding remuneration and conditions offered to agency or other
auxiliary services.

(OJ No L 240, 24 August 1992, p. 15; G/S/M,
European Air Law, B I 1.16)

→ Charterpreise (dt.)

→ *tarif* charter (frz.)

→ *Чартерные тарифы* (russ.)

• cockpit personnel

means personnel holding a licence and charged with
duties essential to the operation of an aircraft during
flight time. This definition applies to pilots, flight navi-
gators and flight engineers.

(OJ No L 373, 31 December 1991, p. 21; G/S/M,
European Air Law, B II 1.5)

→ Luftfahrtpersonal (dt.)

→ *personnel* navigant technique (frz.)

→ *Летный авиационный персонал* (russ.)

• community port

means any sea port situated in Community customs
territory.

(OJ No L 374, 31 December 1991, p. 4; G/S/M,
European Air Law, B IV 1.4)

C

→ Gemeinschaftshafen (dt.)

→ *Аэропорт Сообщества* (russ.)

• component

means a material, part or sub-assembly not covered by *the definitions in (b) [→ product] or (c) [→ appliance]* for use on civil aircraft, engines, propellers or appliances.

(OJ No L 373, 31 December 1991, p. 4; G/S/M, European Air Law, B II 1.6)

→ Bauteil (dt.)

→ élément (frz.)

→ *элетент конструкции* (russ.)

• Computerized *Reservation System (CRS)*

means a computerized system containing information about, *inter alia*, air carriers'

– schedules,

– availability,

– fares, and

– related services,

with or without facilities through which:

– reservation may be made, or

– tickets may be issued,

to the extent that some or all of these services are made available to subscribers.

(OJ No L 220, 29 July 1989, p. 1; G/S/M, European Air Law, B I 1.8)

(OJ No L 239, 30 August 1988, p. 13; G/S/M, European Air Law, B I 2.2)

(OJ No L 10, 15 January 1991, p. 9; G/S/M, European Air Law, B I 2.6)

(OJ No L 333, 31 December 1993, p. 37; G/S/M, European Air Law, B I 2.14)

→ *computergesteuertes* Buchungssystem (CRS) (dt.)

→ *système* informatisé de réservation (SIR) (frz.)

→ *Компьютерная система бронирования* (russ.)

• consumer

means any person seeking information about and/or intending to purchase an air transport product.

(OJ No L 220, 29 July 1989, p. 1; G/S/M, European Air Law, B I 1.8)

(OJ No L 333, 31 December 1993, p. 37; G/S/M, European Air Law, B I 2.14)

means the person who takes or agrees to take the package ('the principal contractor'), or any person on whose behalf the principal contractor agrees to purchase the package ('the other beneficiaries') or any person to whom the principal contractor or any of the other beneficiaries transfers the package ('the transferee').

(OJ No L 158, 23 June 1990, p. 59; G/S/M, European Air Law, B IV 1.2)

means any natural person who, in contracts covered by this Directive, is acting for purposes which are outside his trade, business or profession.

(OJ No L 95, 21 April 1993, p. 29; G/S/M, European Air Law, B IV 1.5)

→ Verbraucher (dt.)

→ consommateur (frz.)

→ *Потребитель* (russ.)

• contract

means the agreement linking the consumer to the organizer and/or the retailer.

(OJ No L 158, 23 June 1990, p. 59; G/S/M, European Air Law, B IV 1.2)

→ Vertrag (dt.)

→ contrat (frz.)

→ *Договор* (russ.)

• effective **control**

means a relationship constituted by rights, contracts or any other means which, either separately or jointly and having regard to the considerations of fact or law involved, confer the possibility of directly or indirectly exercising a decisive influence on an undertaking, in particular by:

- the right to use all or part of the assets of an undertaking,

- rights or contracts which confer a decisive influence on the composition, voting or decisions of the bodies of an undertaking or otherwise confer a decisive influence on the running of the business of the untertaking.

(OJ No L 220, 29 July 1989, p. 1; G/S/M, European Air Law, B I 1.8)

(OJ No L 333, 31 December 1993, p. 37; G/S/M, European Air Law, B I 2.14)

(OJ No L 240, 24 August 1992, p. 1; G/S/M, European Air Law, B II 1.8)

→ tatsächliche *Kontrolle* (dt.)

→ *contrôle* effectif (frz.)

→ *Фактический контроль* (russ.)

D

• distributor

means an undertaking which is authorized by the system vendor to provide distribution facilities to subscribers.

(OJ No L 239, 30 August 1988, p. 13; G/S/M, European Air Law, B I 2.2)

(OJ No L 10, 15 January 1991, p. 9; G/S/M, European Air Law, B I 2.6)

(OJ No L 333, 31 December 1993, p. 37; G/S/M, European Air Law, B I 2.14)

→ Vertreiber (dt.)

→ distributeur (frz.)

→ *Дистрибьютор* (russ.)

• distribution facilities

means facilities provided by a system vendor for the provision of information about air carriers' schedules, availability, fares and related services and for making reservations and/or issuing tickets, and for any other related services.

(OJ No L 220, 29 July 1989, p. 1; G/S/M, European Air Law, B I 1.8)

(OJ No L 239, 30 August 1988, p 13; G/S/M, European Air Law, B I 2.2)

(OJ No L 10, 15 January 1991, p. 9; G/S/M, European Air Law, B I 2.6)

(OJ No L 333, 31 December 1993, p. 37; G/S/M, European Air Law, B I 2.14)

→ Vertriebseinrichtungen;
→ Vertriebsmöglichkeit(en) (dt.)

→ *fonctionnalités* de distribution;
→ *moyens* de distribution (frz.)

→ *Дистрибьюторское оборудование* (russ.)

• elapsed journey time

means the time difference between scheduled departure and arrival time.

(OJ No L 220, 29 July 1989, p. 1; G/S/M, European Air Law, B I 1.8)

(OJ No L 333, 31 December 1993, p. 37; G/S/M, European Air Law, B I 2.14)

→ Flugzeit (dt.)

→ *durée* totale du trajet (frz.)

→ *Время полета* (russ.)

F

• fare

means the price to be paid for unbundled air transport products and the conditions under which the price apply.

(OJ No L 220, 29 July 1989, p. 1; G/S/M, European Air Law, B I 1.8)

(OJ No L 333, 31 December 1993, p. 37; G/S/M, European Air Law, B I 2.14)

→ Flugpreise (dt.)

→ tarif (frz.)

→ *Тарифы* (russ.)

• final destination

means the destination on the flight coupon presented at the check-in counter or, in the case of successive flights, on the last flight coupon of the ticket. Connecting flights which can be carried out without difficulties although a delay has been caused by denied boarding are not taken into account.

(OJ No L 36, 8 February 1991, p. 5; G/S/M, European Air Law, B I 1.13)

→ Endziel (dt.)

→ *destination* finale (frz.)

→ *Место назначения* (russ.)

• flight

means a departure from a specified airport towards a specified destination.

(OJ No L 374, 31 December 1987, p. 72; G/S/M, European Air Law, B I 1.6)

(OJ No L 217, 11 August 1990, p. 1; G/S/M, European Air Law, B I 1.9)

(OJ No L 217, 11 August 1990, p. 8; G/S/M, European Air Law, B I 1.10)

(OJ No L 240, 24 August 1992, p. 8; G/S/M, European Air Law, B I 1.15)

→ Flug (dt.)

→ vol (frz.)

→ *Полет* (russ.)

• intra-Community **flight**

means the movement of an aircraft between two Community airports, without any stopovers, and which does not start from or end at a non-Community airport.

(OJ No L 374, 31 December 1991, p. 4; G/S/M, European Air Law, B IV 1.4)

→ innergemeinschaftlicher *Flug* (dt.)

→ *vol* intracommunautaire (frz.)

→ *полет в рамках Сообщеqвд* (russ.)

F

• overbooked **flight**

means a flight where the number of passengers holding a confirmed reservation and presenting themselves for check-in within the required time-limit and as stipulated exceeds the number of available seats on that flight.

(OJ No L 36, 8 February 1991, p. 5; G/S/M, European Air Law, B I 1.13)

→ überbuchter *Flug* (dt.)

→ *vol* surréservé (frz.)

→ *Рейс, на который выдано больше брони, чем имеющихсямест* (russ.)

• scheduled **flight**

means a flight possessing all of the following caracteristics:

– It is performed by aircraft for the transport of passengers or passengers and cargo and/or mail for remuneration, in such a manner that, for each flight, seats are available for purchase by members of the public, either directly from the carrier or from its authorized agents.

– It is operated to serve traffic between two or more points, either:

according to a published timetable; or

with flights so regular or frequent that they constitute a recognizably systematic series.

(OJ No L 36, 8 February 1991, p. 5; G/S/M, European Air Law, B I 1.13)

→ Linienflug (dt.)

→ *vol* régulier (frz.)

→ *Регулярный полет* (russ.)

• flight recorder

means any type of recorder installed in the aircraft for the purpose of facilitating accident/incident investigations.

(OJ No L 319, 12 December 1994, p. 14; G/S/M, European Air Law, B II 1.9)

→ Flugschreiber (dt.)

→ *enregistreur* de bord (frz.)

→ *Бортовой самописец* (russ.)

• Home State

means the Member State in which the air carrier is established as an air transport operator for commercial purposes.

(OJ No L 237, 26 August 1983, p. 19; G/S/M, European Air Law, B I 1.1)

H, I

→ Heimatstaat (dt.)

→ *État* dont la compagnie aérienne est ressortissante (frz.)

→ *Родина* (russ.)

• incident

means an occurence, other than accident, associated with the operation of an aircraft which affects or would affect the safety of operation.

(OJ No L 319, 12 December 1994, p. 14; G/S/M, European Air Law, B II 1.9)

→ Störung (dt.)

→ incident (frz.)

→ *Инцидент во время полета* (russ.)

• serious **incident**

means an incident involving circumstances indicating that an accident nearly occurred *(a list of examples of serious incidents can be found in the Annex) [of this directive]*.

(OJ No L 319, 12 December 1994, p. 14; G/S/M, European Air Law, B II 1.9)

→ schwere *Störung* (dt.)

→ *incident* grave (frz.)

→ *Серьезный инцидент* (russ.)

• fatal **injury**

means an injury which is sustained by a person in an accident and which results in his/her death within 30 days of the date of the accident.

(OJ No L 319, 12 December 1994, p. 14; G/S/M, European Air Law, B II 1.9)

→ tödliche *Verletzung* (dt.)

→ *blessure* mortelle (frz.)

→ *Смертельное ранение* (russ.)

• serious **injury**

means an injury which is sustained by a person in an accident and which:

1. requires hospitalization for more than 48 hours, commencing within seven days from the date the injury was received; or

2. results in a fracture of any bone (except simple fractures of fingers, toes, or nose); or

3. involves lacerations which cause severe haemorrhage, nerve, muscle, or tendon damage; or

4. involves injury to any internal organ; or

5. involves second or third degree burns, or any burns affecting more than 5% of the body surface; or

6. involves verified exposure to infectious substances or harmful radiation.

I

(OJ No L 319, 12 December 1994, p. 14; G/S/M, European Air Law, B II 1.9)

→ schwere *Verletzung* (dt.)

→ *blessure* grave (frz.)

→ *Тяжелое увечье* (russ.)

• investigation

means a process conducted for the purpose of accident and incident prevention which includes the gathering and analysis of information, the drawing of conclusions, including the determination of cause(s) and, when appropriate, the making of safety recommendations.

(OJ No L 319, 12 December 1994, p. 14; G/S/M, European Air Law, B II 1.9)

→ Untersuchung (dt.)

→ enquête (frz.)

→ *Расследование* (russ.)

• investigator-in-charge

means a person charged, on the basis of his qualification, with responsibility for the organization, conduct and control of an investigation.

(OJ No L 319, 12 December 1994, p. 14; G/S/M, European Air Law, B II 1.9)

→ Untersuchungsführer (dt.)

→ *enquêteur* désigné (frz.)

→ *Руководитель расследования* (russ.)

• licence

means any valid document, issued by a Member State, authorizing the holder to exercise functions as a member of the cockpit personnel on board a civil aircraft registered in a Member State. This definition also includes rating associated with the document.

(OJ No L 373, 31 December 1991, p. 21; G/S/M, European Air Law, B II 1.5)

→ Erlaubnis (dt.)

→ licence (frz.)

→ *Разрешение* (russ.)

• maintenance

means all inspections, servicing, modification and repair throughout the life of an aircraft needed to ensure that the aircraft remains in compliance with the type certification and offers a high level of safety in all circumstances; this shall include in particular modifications imposed by the authorities party to the arrangements referred *to in (h) [→ arrangements]* in accordance with airworthiness checking concepts.

M

(OJ No L 373, 31 December 1991, p. 4; G/S/M, European Air Law, B II 1.6)

→ Instandhaltung (dt.)

→ entretien (frz.)

→ *Техническое обслуживание* (russ.)

• management account

means a detailed statement of income and costs for the period in question including a breakdown between air-transport-related and other activities as well as between pecuniary and non-pecuniary elements.

(OJ No L 240, 24 August 1992, p. 1; G/S/M, European Air Law, B II 1.8)

→ Ertragsrechnung (dt.)

→ *compte* de gestion (frz.)

→ *Подсчет доходов* (russ.)

• multiple designation on a city-pair basis

means the designation by one Member State of two or more of its air carriers to operate a scheduled air service between an airport or airport system in its territory and an airport or airport system in the territory of another Member State.

(OJ No L 374, 31 December 1987, p. 19; G/S/M, European Air Law, B I 1.7)

(OJ No L 217, 11 August 1990, p. 8; G/S/M, European Air Law, B I 1.10)

→ *Mehrfachbenennung* auf der Grundlage von Städte-paaren (dt.)

→ *désignation* multiple sur la base de paires de villes (frz.)

→ *Назначеие нескольких авиационных предприятий между городами на двусторонней основе* (russ.)

• multiple designation on a country-pair basis

means the designation by one Member State of two or more of its air carriers to operate scheduled air services between its territory and that of another Member State.

(OJ No L 374, 31 December 1987, p. 19; G/S/M, European Air Law, B I 1.7)

(OJ No L 217, 11 August 1990, p. 8; G/S/M, European Air Law, B I 1.10)

→ *Mehrfachbenennung* auf der Grundlage von Länder-paaren (dt.)

→ *désignation* multiple sur la base d'une paire de pays (frz.)

→ *Назначение нескольких авиационных предприятий между государствами на двусторонней основе* (russ.)

N

• national variant

means a national requirement or regulation imposed by a country in addition to or instead of a JAR.

(OJ No L 373, 31 December 1991, p. 4; G/S/M, European Air Law, B II 1.6)

→ *einzelstaatliche* Abweichungen (dt.)

→ *variante* nationale (frz.)

→ *Национальные особенности* (russ.)

• new entrant

An air carrier requesting slots at an airport on any day and holding or having been allocated fewer than four slots at that airport on that day, or,

an air carrier requesting slots for a non-stop service between two Community airports where at most two other air carriers operate a direct service between these airports or airport systems on that day and holding or having been allocated fewer than four slots at that airport on that day for that non-stop service.

An air carrier holding more than 3% of the total slots available on the day in question at a particular airport, or more than 2% of the total slots available on the day in question in an airport system of which that airport forms part, shall not be considered as a new entrant at that airport.

(OJ No L 14, 22 January 1993, p. 1; G/S/M, European Air Law, B I 1.19)

→ Neubewerber (dt.)

→ *nouvel* arrivant (frz.)

→ *Новый претендент* (russ.)

• night time

means any period of not less than seven hours, as defined by national law, and which must include in any case the period between midnight and 5 a.m.

(OJ No L 307, 13 December 1993, p. 18; G/S/M, European Air Law, B IV 1.6)

→ Nachtzeit (dt.)

→ *période* nocturne (frz.)

→ *Ночное время* (russ.)

• night worker

means on the one hand, any worker, who, during night time, works at least three hours of his daily working time as a normal course; and

on the other hand, any worker who is likely during night time to work a certain proportion of his annual working time, as defined at the choice of the Member State concerned:

by national legislation, following consultation with the two sides of industry; or

by collective agreements or agreements concluded

O

between the two sides of industry at national or regional level.

(OJ No L 307, 13 December 1993, p. 18; G/S/M, European Air Law, B IV 1.6)

→ Nachtarbeiter (dt.)

→ *travailleur* de nuit (frz.)

→ *Работник ночной смены* (russ.)

• public service **obligation**

means any obligation imposed upon an air carrier to take, in respect of any route which it is licensed to operate by a Member State, all necessary measures to ensure the provision of a service satisfying fixed standards of continuity, regularity and capacity which standards the carrier would not assume if it were solely considering its commercial interest.

(OJ No L 217, 11 August 1990, p. 8; G/S/M, European Air Law, B I 1.10)

means any obligation imposed upon an air carrier to take, in respect of any route which it is licensed to operate by a Member State, all necessary measures to ensure the provision of a service satisfying fixed standards of continuity, regularity, capacity and pricing, which standards the air carrier would not assume if it were solely considering its commercial interest.

(OJ No L 240, 24 August 1992, p. 8; G/S/M, European Air Law, B I 1.15)

→ *Verpflichtung* zur öffentlichen Dienstleistung; gemeinwirtschaftliche *Verpflichtung* (dt.)

→ *obligation* de service public (frz.)

→ *Обязанность осуществления воздушных перевозок, диктуемое общественным интересом* (russ.)

• **operating licence**

means an authorization granted by the Member State responsible to an undertaking, permitting it to carry out carriage by air of passengers, mail and/or cargo, as stated in the operating licence, for remuneration and/or hire.

(OJ No L 240, 24 August 1992, p. 1; G/S/M, European Air Law, B II 1.8

→ *Betriebs*genehmigung (dt.)

→ *licence* d'exploitation (frz.)

→ *Сертификат эксплуатанта* (russ.)

• **operator**

means a natural person residing in a Member State or a legal person established in a Member State using one or more aircraft in accordance with the regulations applicable in that Member State, or a Community air carrier as defined in Community legislation.

(OJ No L 373, 31 December 1991, p. 4; G/S/M, European Air Law, B II 1.6)

O

means any person, body or undertaking operating or proposing to operate one or more aircraft.

(OJ No L 319, 12 December 1994, p. 14; G/S/M, European Air Law, B II 1.9)

→ Halter (dt.)

→ exploitant;
→ opérateur (frz.)

→ *эксплуатант* (russ.)

• organizer

means the person who, other than occasionally, organizes packages and sells or offers them for sale, whether directly or through a retailer.

(OJ No L 158, 23 June 1990, p. 59; G/S/M, European Air Law, B IV 1.2)

→ Veranstalter (dt.)

→ organisateur (frz.)

→ *Организатор* (russ.)

• package

means the pre-arranged combination of not fewer than two or the following when sold or offered for sale at an inclusive price and when the service covers a period of more than twenty-four hours or includes overnight accommodation:

(a) transport;

(b) accommodation;

(c) other tourist services not ancillary to transport or accommodation and accounting for a significant proportion of the package.

The separate billing of various components of the same package shall not absolve the organizer or retailer from the obligations unter this Directive.

(OJ No L 158, 23 June 1990, p. 59; G/S/M, European Air Law, B IV 1.2)

→ Pauschalreise (dt.)

→ fortfait (frz.)

→ *Паушальная путевка* (russ.)

• pleasure craft

means private boats intended for journeys whose itinerary depends on the wishes of the user.

(OJ No L 374, 31 December 1991, p. 4; G/S/M, European Air Law, B IV 1.4)

P

→ Wassersportfahrzeug (dt.)

→ *bateaux* de plaisance (frz.)

→ *Спортивное воднотранспортное судно* (russ.)

• principal display

means a comprehensive neutral display of data concerning air services between city-pairs, within a specified time period.

(OJ No L 220, 29 July 1989, p. 1; G/S/M, European Air Law, B I 1.8)

(OJ No L 333, 31 December 1993, p. 37; G/S/M, European Air Law, B I 2.14)

→ Hauptanzeige (dt.)

→ *affichage* principal (frz.)

→ *Главное информационное табло* (russ.)

• product

means a civil aircraft, engine, propeller or appliance.

(OJ No L 373, 31 December 1991, p. 4; G/S/M, European Air Law, B II 1.6)

→ Erzeugnis (dt.)

→ produit (frz.)

→ *Продукция* (russ.)

• rating

means a statement entered on a licence, or in a separate document, setting forth special conditions, privileges or limitation pertaining to such licence.

(OJ No L 373, 31 December 1991, p. 21; G/S/M, European Air Law, B II 1.5)

→ Berechtigung (dt.)

→ qualification (frz.)

→ *Квалификационная отметка* (russ.)

• recognition

means the permission to use on an aircraft registered in one Member State a licence issued in another Member State, in accordance with the privileges pertaining thereto.

(OJ No L 373, 31 December 1991, p. 21; G/S/M, European Air Law, B II 1.5)

→ Anerkennung (dt.)

→ recognition, reconnaissance (frz.)

→ *Признание* (russ.)

R

• reference fare

means the normal economy air fare charged by a third- or fourth-freedom air carrier on the routes in question; if more than one such fare exists, the average level shall be taken unless otherwise bilaterally agreed; where there is no normal economy fare, the lowest fully flexible fare shall be taken.

(OJ No L 374, 31 December 1987, p. 72; G/S/M, European Air Law, B I 1.6)

means the normal one way or return, as appropriate, economy air fare charged by a third- or fourth-freedom air carrier on the route in question; if more than one such fare exists, the arithmetic average of all such fares shall be taken unless otherwise bilaterally agreed; where there is no normal economy fare, the lowest fully flexible fare shall be taken.

(OJ No L 217, 11 August 1990, p. 1; G/S/M, European Air Law, B I 1.9)

→ Bezugstarif (dt.)

→ *tarif* de référence (frz.)

→ *Основной тариф* (russ.)

• confirmed **reservation**

means that a ticket sold by the air carrier or its authorized travel agent contains:

– a specification of the number, date and time of the flight, and

– the notation 'OK', or any other entry, in the appropriate space on the ticket signifying the registration
by the air carrier as well as the express confirmation
by the air carrier of the reservation.

(OJ No L 36, 8 February 1991, p. 5; G/S/M, European
Air Law, B I 1.13)

→ bestätigte *Buchung* (dt.)

→ *réservation* confirmée (frz.)

→ *Подтвержденное бронирование* (russ.)

• rest period

means any period which is not working time.

(OJ No L 307, 13 December 1993, p. 18; G/S/M,
European Air Law, B IV 1.6)

→ Ruhezeit (dt.)

→ *période* de repos (frz.)

→ *Нерабочее время* (russ.)

• retailer

means the person who sells or offers for sale the
package put together by the organizer.

(OJ No L 158, 23 June 1990, p. 59; G/S/M,
European Air Law, B IV 1.2)

S

→ Vermittler (dt.)

→ détaillant (frz.)

→ *Посредник* (russ.)

• safety recommendation

means any proposal by the investigating body of the State conducting the technical investigation, based on information derived from that investigation, made with the intention of preventing accidents and incidents.

(OJ No L 319, 12 December 1994, p. 14; G/S/M, European Air Law, B II 1.9)

→ Sicherheitsempfehlung (dt.)

→ *recommandation* de sécurité (frz.)

→ *Рекомендация по обеспечению безопасности* (russ.)

• scheduling period

means either the summer or winter season as used in the schedules of air carriers.

(OJ No L 14, 22 January 1993, p. 1; G/S/M, European Air Law, B I 1.19)

→ Flugplanperiode (dt.)

→ *période* de planification horaire (frz.)

→ *Сезон расписания полетов* (russ.)

• intra-Community **sea crossing**

means the movement between two Community ports without any intermediate calls, of a vessel plying regularly between two or more specified Community ports.

(OJ No L 374, 31 December 1991, p. 4; G/S/M, European Air Law, B IV 1.4)

→ innergemeinschaftliche *Seereise* (dt.)

→ *traversée* maritime intracommunautaire (frz.)

→ *Морское сообщение внутри Сообщества* (russ.)

• **Seat rates**

means the prices expressed in ecus or in local currency to be paid by charterers to air carriers for the carriage on air services of the charterer or its customers and their baggage and any conditions under which those prices apply, including remuneration and conditions offered to agency and other auxiliary services.

(OJ No L 240, 24 August 1992, p. 15; G/S/M, European Air Law, B I 1.16)

→ Sitztarife (dt.)

→ *prix* d'affrètement par siège (frz.)

→ *Посадочные тарифы* (russ.)

S

• Seat-only sales

means the sale of seats, without any other service bundled, such as accommodation, directly to the public by the air carrier or its authorized agent or a charterer.

(OJ No L 240, 24 August 1992, p. 8; G/S/M, European Air Law, B I 1.15)

→ Nur-Sitzplatz-Verkauf (dt.)

→ *vente* de sièges (frz.)

→ *Только продажа мест* (russ.)

• seller (supplier)

means any natural or legal person who, in contracts covered by this Directive, is acting for purpose relating to his trade, business or profession, whether publicly owned or privately owned.

(OJ No L 95, 21 April 1993, p. 29; G/S/M, European Air Law, B IV 1.5)

→ Gewerbetreibender (dt.)

→ professionnel (frz.)

→ *Мелкий предприниматель* (russ.)

• service enhancement

means any product or service offered by a system vendor on its own behalf to subscribers in conjunction with a CRS, other than distribution facilities.

(OJ No L 220, 29 July 1989, p. 1; G/S/M, European Air Law, B I 1.8)

(OJ No L 333, 31 December 1993, p. 37; G/S/M, European Air Law, B I 2.14)

→ *Verbesserung* der Leistung; *Leistungs*stärkung (dt.)

→ *amélioration* de service (frz.)

→ *Совершенствование услуг* (russ.)

• shift work

means any method of organizing work in shifts whereby workers succeed each other at the same work stations according to a certain pattern, including a rotating pattern, and which may be continuous or discontinuous, entailing the need for workers to work at different times over a given period of days or weeks.

(OJ No L 307, 13 December 1993, p. 18; G/S/M, European Air Law, B IV 1.6)

→ Schichtarbeit (dt.)

→ *travail* posté (frz.)

→ *Работа в смену* (russ.)

S

• shift worker

means any worker whose work schedule is part of shift work.

(OJ No L 307, 13 December 1993, p. 18; G/S/M, European Air Law, B IV 1.6)

→ Schichtarbeiter (dt.)

→ *travailleur* posté (frz.)

→ *Работающий в смену* (russ.)

• slot

means the scheduled time of arrival or departure available or allocated to an aircraft movement on a specific date at an airport coordinated under the terms of this Regulation.

(OJ No L 14, 22 January 1993, p. 1; G/S/M, European Air Law, B I 1.19)

→ Zeitnische (dt.)

→ *créneau* horaire (frz.)

→ *Временный интервал (слот)* (russ.)

• State affected

means a Member State, other than the Home State, in which the airports of an inter-regional air service are situated.

(OJ No L 237, 26 August 1983, p. 19; G/S/M, European Air Law, B I 1.1)

→ beteiligter *Staat* (dt.)

→ *État* concerné (frz.)

→ *Участвующее государство* (russ.)

• States concerned

means the Member States between which the scheduled air service in question is operated.

(OJ No L 374, 31 December 1987, p. 72; G/S/M, European Air Law, B I 1.6)

(OJ No L 374, 31 December 1987, p. 19; G/S/M, European Air Law, B I 1.7)

(OJ No L 217, 11 August 1990, p. 1; G/S/M, European Air Law, B I 1.9)

(OJ No L 217, 11 August 1990, p. 8; G/S/M, European Air Law, B I 1.10)

(OJ No L 36, 8 February 1991, p. 1; G/S/M, European Air Law, B I 1.12)

→ beteiligte *Staaten* (dt.)

→ *États* concernés (frz.)

→ *Участвующие государства* (russ.)

S

• Member **State(s)** concerned

means the Member State(s) between or within which an air service is operated.

(OJ No L 240, 24 August 1992, p. 8; G/S/M, European Air Law, B I 1.15)

means the Member State(s) between or within which the fare or rate is applied.

(OJ No L 240, 24 August 1992, p. 15; G/S/M, European Air Law, B I 1.16)

→ betroffener *Mitgliedstaat*/betroffene *Mitgliedstaaten* (dt.)

→ *États* membres concernés (frz.)

→ *Затронутое государство-член Сообщества/затронутые государства-члены Сообщества* (russ.)

• Member **State(s)** involved

means the Member State(s) concerned and the Member State(s) where the air carrier(s) operating the air service is (are) licensed.

(OJ No L 240, 24 August 1992, p. 8; G/S/M, European Air Law, B I 1.15)

(OJ No L 240, 24 August 1992, p. 15; G/S/M, European Air Law, B I 1.16)

→ beteiligter *Mitgliedstaat*/beteiligte *Mitgliedstaaten* (dt.)

→ *États* membres impliqués (frz.)

→ *Участвующее государство-член
Сообщества/участвующие государства-члены
Сообщества* (russ.)

• State of registration

means the Member State in which the licence mentioned in *paragraph (a) [air carrier]* is issued.

(OJ No L 217, 11 August 1990, p. 8; G/S/M, European Air Law, B I 1.10)

(OJ No L 36, 8 February 1991, p. 1; G/S/M, European Air Law, B I 1.12)

(OJ No L 240, 24 August 1992, p. 8; G/S/M, European Air Law, B I 1.15)

→ Registrierungsstaat; Zulassungsstaat (dt.)

→ *État* d'enregistrement (frz.)

→ *Государство регистрации* (russ.)

• subscriber

means a person or an undertaking, other than a participating carrier, using the distribution facilities for air transport products of the CRS under contract or other arrangement with a system vendor.

S

(OJ No L 220, 29 July 1989, p. 1; G/S/M, European Air Law, B I 1.8)

(OJ No L 239, 30 August 1988, p. 13; G/S/M, European Air Law, B I 2.2)

(OJ No L 333, 31 December 1993, p. 37; G/S/M, European Air Law, B I 2.14)

means an undertaking other than a participating carrier, using a CRS within the Community under contract or other arrangement with a system vendor or a distributor for the sale of air transport services to members of the public.

(OJ No L 10, 15 January 1991, p. 9; G/S/M, European Air Law, B I 2.6)

→ Abonnent (dt.)

→ abonné (frz.)

→ *Абонент* (russ.)

• supplier (seller)

means any natural or legal person, who, in contracts covered by this Directive, is acting for purposes relating to his trade, business or profession, whether publicly owned or privately owned.

(OJ No L 95, 21 April 1993, p. 29; G/S/M, European Air Law, B IV 1.5)

→ Gewerbetreibender (dt.)

→ professionnel (frz.)

→ *Мелкий предприниматель* (russ.)

• system vendor

means any entity and its affiliates which is or are responsible for the operation or marketing of a CRS.

(OJ No L 220, 29 July 1989, p. 1; G/S/M, European Air Law, B I 1.8)

(OJ No L 239, 30 August 1988, p. 13; G/S/M, European Air Law, B I 2.2)

(OJ No L 10, 15 January 1991, p. 9; G/S/M, European Air Law, B I 2.6)

(OJ No L 333, 31 December 1993, p. 37; G/S/M, European Air Law, B I 2.14)

→ Systemverkäufer (dt.)

→ *vendeur* de système (frz.)

→ *Продавец компьютерной системы* (russ.)

• unfair **terms**

means the contractual terms defined in *Article 3 [of this Directive]*.

(OJ No L 95, 21 April 1993, p. 29; G/S/M, European Air Law, B IV 1.5)

→ mißbräuchliche *Klauseln* (dt.)

→ *clauses* abusives (frz.)

→ *Положения, подвергаемые злоупотреблениям* (russ.)

T

• tourist or business aircraft

means private aircraft intended for journeys whose itinerary depends on the wishes of the user.

(OJ No L 374, 31 December 1991, p. 4; G/S/M, European Air Law, B IV 1.4)

→ Sport- oder Geschäftsluftfahrzeug (dt.)

→ *aéronefs* de tourisme ou d'affaires (frz.)

→ *Воздушное судно, используемое в спортивных или деловых целях* (russ.)

• traffic right

means the right of an air carrier to carry passengers, cargo and/or mail on an air service between two Community airports.

(OJ No L 240, 24 August 1992, p. 8; G/S/M, European Air Law, B I 1.15)

→ Verkehrsrecht (dt.)

→ *droit* de trafic (frz.)

→ *Право на осуществление перевозок* (russ.)

• third-freedom **traffic right**

means the right of an air carrier licensed in one State to put down, in the territory of another State, passengers, freight and mail taken up in the State in which it is licensed.

(OJ No L 217, 11 August 1990, p. 1; G/S/M, European Air Law, B I 1.9)

(OJ No L 217, 11 August 1990, p. 8; G/S/M, European Air Law, B I 1.10)

(OJ No L 36, 8 February 1991, p. 1; G/S/M, European Air Law, B I 1.12)

→ *Verkehrsrecht* der dritten Freiheit (dt.)

→ *droit* de trafic de troisième liberté (frz.)

→ *Право на осуществление перевозок по третьей свободе* (russ.)

• fourth-freedom **traffic right**

means the right of an air carrier licensed in one State to take on, in the territory of another State, passengers, freight and mail for off-loading in the State in which it is licensed.

(OJ No L 217, 11 August 1990, p. 1; G/S/M, European Air Law, B I 1.9)

(OJ No L 217, 11 August 1990, p. 8; G/S/M, European Air Law, B I 1.10)

(OJ No L 36, 8 February 1991, p. 1; G/S/M, European Air Law, B I 1.12)

→ *Verkehrsrecht* der vierten Freiheit (dt.)

→ *droit* de trafic de quatrième liberté (frz.)

→ *Право на осуществление перевозок по четвертой свободе* (russ.)

T, U

• fifth-freedom **traffic right**

means the right of an air carrier to undertake the air transport of passengers, freight and mail between two States other than the State in which it is licensed.

(OJ No L 217, 11 August 1990, p. 1; G/S/M, European Air Law, B I 1.9)

(OJ No L 217, 11 August 1990, p. 8; G/S/M, European Air Law, B I 1.10)

(OJ No L 36, 8 February 1991, p. 1; G/S/M, European Air Law, B I 1.12)

→ *Verkehrsrecht* der fünften Freiheit (dt.)

→ *droit* de cinquième liberté (frz.)

→ *Право на осуществление перевозок по пятой свободе* (russ.)

• **undertaking**

means any natural person, any legal person, whether profit-making or not, or any official body whether having its own legal personality or not.

(OJ No L 240, 24 August 1992, p. 1; G/S/M, European Air Law, B II 1.8)

(OJ No L 319, 12 December 1994, p. 14; G/S/M, European Air Law, B II 1.9)

→ Unternehmen (dt.)

→ entreprise (frz.)

→ *Предприятие* (russ.)

• validation

means the express declaration by a Member State that a licence issued by another Member State can be used as one of its own.

(OJ No L 373, 31 December 1991, p. 21; G/S/M, European Air Law, B II 1.5)

→ Gültigerklärung (dt.)

→ validation (frz.)

→ *Официальное подтверждение* (russ.)

• volunteer

means a person who has:

– a valid ticket,

– a confirmed reservation, and

– presented himself for check-in within the required time-limit and as stipulated and who responds positively to the air carrier's call for passengers being prepared to surrender their confirmed reservation in exchange for compensation.

(OJ No L 36, 8 February 1991, p. 5; G/S/M, European Air Law, B I 1.13)

→ Freiwilliger (dt.)

→ volontaire (frz.)

→ *Добровольно отказывающийся от брони пассажир* (russ.)

ENGLISCH

W, Z

• working time

means any period during which the worker is working, at the employer's disposal and carrying out his activity or duties, in accordance with national laws and/or practice.

(OJ No L 307, 13 December 1993, p. 18; G/S/M, European Air Law, B IV 1.6)

→ Arbeitszeit (dt.)

→ *temps* de travail (frz.)

→ *Рабочее время* (russ.)

• zone of flexibility

means a pricing zone *as referred to in Article 5*, within which air fares meeting the conditions in *Annex II [of this Directive]* qualify for automatic approval by the aeronautical authorities of the Member States. The limits of a zone are expressed as percentages of the reference fare.

(OJ No L 374, 31 December 1987, p. 72; G/S/M, European Air Law, B I 1.6)

(OJ No L 217, 11 August 1990, p. 1; G/S/M, European Air Law, B I 1.9)

→ Flexibilitätszone (dt.)

→ *zone* de flexibilité (frz.)

→ *Зона гибкости* (russ.)

• abonné

Une entreprise autre qu'un transporteur participant, utilisant un SIR à l'intérieur de la Communauté en vertu d'un contrat ou de toute autre convention avec un vendeur de système ou un distributeur en vue de la vente de services de transports aériens au public.

(JO n° L 239 du 30. 08. 88, p. 13)

Une personne ou une entreprise, autre qu'un transporteur participant, qui utilise les fonctionnalités de distribution de produits de transport aérien offertes par un SIR en vertu d'un contrat ou de tout autre arrangement conclu avec un vendeur de système.

(JO n° L 333 du 31. 12. 93, p. 37)

Une personne ou une entreprise, autre qu'un transporteur participant, qui utilise un SIR en vertu d'un contrat ou de tout autre arrangement conclu avec un vendeur de système, en vue de la vente de produits de transport aérien directement au public.

(JO n° L 220 du 29. 07. 89, p. 1)

→ Abonnent (dt.)
→ *abonnierter* Benutzer (dt.)

→ *subscriber* (engl.)

→ *Абонент* (russ.)

A

• acceptation de licence

Toute forme de reconnaissance ou de validation par un État membre d'une licence délivrée par un autre État membre, ainsi que des privilèges et attestations qui y sont attachés. L'acceptation, qui peut prendre la forme de la délivrance d'une licence nationale, ne doit pas avoir une durée dépassant la période de validité de la licence d'origine.

(JO n° L 373 du 16. 12. 1991, p. 21)

→ *Anerkennung* von Erlaubnissen (dt.)

→ recognition (engl.)

→ *Признание разрешений* (russ.)

• accident

Un événement, lié à l'utilisation d'un aéronef, qui se produit entre le moment où une personne monte à bord avec l'intention d'effectuer un vol et le moment où toutes les personnes qui sont montées dans cette intention sont descendues, et au cours duquel:

1. une personne est mortellement ou grièvement blessée du fait qu'elle se trouve:

   dans l'aéronef ou en contact direct avec une partie quelconque de l'aéronef, y compris les parties qui s'en sont détachées ou directement exposée au souffle des réacteurs, sauf s'il s'agit de lésions dues à des causes naturelles, de blessures infligées à la personne par elle-même ou par d'autres ou de blessures subies par un passager clandestin caché hors des zones auxquelles les passagers et l'équipage ont normalement accès

ou

2. l'aéronef subit des dommages ou une rupture structurelle:

qui altèrent ses caractéristiques de résistance structurelle, de performances ou de vol et qui devraient normalement nécessiter une réparation importante ou le remplacement de l'élément endommagé,

sauf s'il s'agit d'une panne de moteur ou d'avaries de moteur, lorsque des dommages sont limités au moteur, à ses capotages ou à ses accessoires, ou encore de dommages limités aux hélices, aux extrémités d'ailes, aux antennes, aux pneumatiques, aux freins, aux carénages, ou à de petites entailles ou perforations du revêtement

ou

3. l'aéronef a disparu ou est totalement inaccessible.

(JO n° L 319 du 12. 12. 94, p. 14)

→ Unfall (dt.)

→ accident (engl.)

→ *Несчастный случай* (russ.)

A

• aéronefs de tourisme ou d'affaires

Les aéronefs privés destinés à des voyages dont l'itinéraire est fixé au gré des utilisateurs.

(JO CE L 374 du 31. 12. 1991, p. 5; G/S/M Europ. LVR,
B IV 1.4)

→ Sport- oder Geschäftsflugzeug (dt.)

→ *tourist* or business aircraft (engl.)

→ *Воздушное судно, используемое в спортивных
или деловых целях* (russ.)

• aéroport

Toute zone dans un État membre ouverte aux opérations commerciales de transport aérien.

(JO n° L 240 du 24. 08. 92, p. 8)

→ Flughafen (dt.)

→ airport (engl.)

→ *Аэропорт* (russ.)

• aéroport communautaire

Tout aéroport situé sur le territoire douanier de la
Communauté.

(JO CE L 374 du 31. 12. 1991, p. 4; G/S/M, Europ. LVR,
B IV 1.4)

→ *Gemeinschaftsflughafen* (dt.)

→ community *airport* (engl.)

→ *Аэропорт Сообщества* (russ.)

• aéroport communautaire à caractére international:

Tout aéroport communautaire qui, après autorisation délivrée par les autorités compétentes, est habilité pour le trafic aérien avec les pays tiers.

(JO CE L 374 du 31. 12. 1991, p. 4; G/S/M, Europ. LVR, B IV 1.4)

→ internationaler *Gemeinschaftsflughafen* (dt.)

→ international Community *airport* (engl.)

→ *Международный аэропорт Сообщества* (russ.)

• aéroport coordonné

Un aéroport où un coordonateur a été désigné pour faciliter les opérations des transporteurs aériens qui opèrent ou envisagent d'opérer dans cet aéroport.

(JO n° L 14 du 22. 01. 93, p. 1)

→ koordinierter *Flughafen* (dt.)

→ coordinated *airport* (engl.)

→ *Координированный аэропорт* (russ.)

A

• aéroport de première catégorie

Un aéroport figurant sur la liste de *l'annexe II [de cette décision]*.

(JO n° L 374 du 31. 12. 87, p. 12)

→ Knotenpunktflughafen (dt.)

→ hub airport (engl.)

→ *Узловой аэропорт* (russ.)

• aéroport entièrement coordonné

Un aéroport coordonné où tout atterissage ou décollage, au cours des périodes pendant lesquelles l'aéroport est entièrement coordonné, est subordonné à l'attribution préalable d'un créneau horaire au transporteur aérien par un coordonnateur.

(JO n° L 14 du 22. 01. 93, p. 1)

→ vollständig koordinierter *Flughafen* (dt.)

→ fully coordinated *airport* (engl.)

→ *Полностью координированный аэропорт* (russ.)

• aéroport régional

Tout aéroport ne figurant pas sur la liste de *l'annexe II [de cette décision]* comme aéroport de première catégorie.

(JO n° L 217 du 11. 08. 90, p. 8)

(JO n° L 240 du 24. 08. 92, p. 8)

Tout aéroport de deuxième ou de troisième catégorie figurant sur la liste de *l'annexe II [de cette décision]*.

(JO n° L 374 du 31. 12. 87, p. 12)

→ Regionalflughafen (dt.)

→ regional *airport* (engl.)

→ *Регионльнаый аэропорт* (russ.)

• affichage principal

Un affichage neutre et complet de données relatives aux services offerts entre des paires de villes, durant une période déterminée, et énumérant notamment tous les vols directs assurés par les transporteurs participants.

(JO n° L 220 du 29. 07. 89, p. 1)

Un affichage neutre et complet de données relatives aux services aérien offerts entre des paires de villes durant une période déterminée.

(JO n° L 333 du 31. 12. 93, p. 37)

→ Hauptanzeige (dt.)

→ *principal* display (engl.)

→ *Главное информационное табло* (russ.)

A

• amélioration de service

Tout produit ou service autre qu'un moyen de distribution qu'un vendeur de système propose pour son propre compte aux abonnés ou aux consommateurs dans le cadre d'un SIR.

(JO n° 220 du 29. 07. 89, p. 1)

Tout produit ou service, autre que les fonctionnalites de distribution, qu'un vendeur de système propose, en liaison avec und SIR, en son propre nom, aux abonnés.

(JO n° L 333 du 31. 12. 93, p. 37)

→ *Verbesserung* der Leistung (dt.)
→ Leistungsstärkung (dt.)
→ *service* enhacement (engl.)
→ *Совершенствование услуг* (russ.)

• arrangements

Les arrangements conclus sous l'égide de la Commission européenne de l'aviation civile (CEAC) en vue de coopérer au développement et à la mise en œuvre de règles communes dans tous les domaines liés à la sécurité des aéronefs et à leur sécurité d'exploitation. Ces arrangements sont précisés à *l'annexe I [de cette décision]*.

(JO n° L 373 du 31. 12. 91, p. 4)

→ Vereinbarungen (dt.)
→ arrangements (engl.)
→ *Соглашения* (russ.)

• bagages

Tous objets transportés, de quelque manière que ce soit, par la personne au cours de son voyage.

(JO n° L 185 du 04. 07. 92, p. 8)

→ Gepäck (dt.)
→ baggage (engl.)
→ Багаж (russ.)

• bagages de soute

Ayant été enregistrés dans l'aéroport de départ, ils ne sont pas accessibles à la personne au cours du vol ni, le cas échéant, lors de l'escale visée à *l'article 3 points 1 et 2 et à l'article 5 points 1 et 2* du règlement de base *[règlement (CEE) n° 3925/91]*.

(JO n° L 185 du 04. 07. 92, p. 8)

→ aufgegebenes Gepäck (dt.)
→ hold baggage (engl.)
→ *Сданный багаж* (russ.)

• bagages à main

La personne les emporte avec elle dans la cabine de l'aéronef.

(JO n° L 185 du 04. 07. 92, p. 8)

FRANZÖSISCH

B

→ Hand*gepäck* (dt.)

→ cabin *baggage* (engl.)

→ *Ручная кладь* (russ.)

• Bateaux de plaisance

Les bateaux privés destinés à des voyages dont l'itinéraire est fixé au gré des utilisateurs.

(JO CE 374 du 31. 12. 1991, p. 4; G/S/M, Europ. LVR, B IV 1.4)

→ Wassersportfahrzeug (dt.)

→ *pleasure* craft (engl.)

→ *Спортивное воднотранспортное судно* (russ.)

• blessure grave

Toute blessure que subit une personne au cours d'un accident et qui:

1. nécessite l'hospitalisation pendant plus de quarante-huit heures, cette hospitalisation commençant dans les sept jours qui suivent la date à laquelle les blessures ont été subies

   ou

2. se traduit par la fracture d'un os (exception faite des fractures simples des doigts, des orteils ou du nez)

   ou

3. se traduit par des déchirures qui sont la cause de graves hémorragies ou de lésions d'un nerf, d'un muscle ou d'un tendon

   ou

4. se traduit par la lésion d'un organe interne

   ou

5. se traduit par des brûlures du deuxième ou du troisième degré ou par des brûlures affectant plus 5% de la surface du corps

   ou

6. résulte de l'exposition vérifiée à des matières infectieuses ou à un rayonnement pernicieux.

(JO n° L 319 du 12. 12. 94, p. 14)

→ schwere *Verletzung* (dt.)

→ serious *injury* (engl.)

→ *Тяжелое увечье* (russ.)

• blessure mortelle

Toute blessure que subit une personne au cours d'un accident et qui entraîne sa mort dans les trente jours qui suivent la date de cet accident.

(JO n° L 319 du 12. 12. 94, p. 14)

→ tödliche *Verletzung* (dt.)

→ fatal *injury* (engl.)

→ *Смертельное ранение* (russ.)

FRANZÖSISCH

C

• capacité

Le nombre de sièges offerts au public sur un service aérien régulier au cours d'une période déterminée.

(JO n° L 217 du 11. 08. 90, p. 8)

Le nombre de sièges offerts au public sur un service aérien régulier au cours d'une période déterminée.

(JO n° L 374 du 31. 12. 87 p. 12)

→ Kapazität (dt.)

→ capacity (engl.)

→ *Пассажиро-емкость* (russ.)

• causes

Les actes, omissions, événements ou conditions ou toute combinaison de ces divers éléments qui conduisent à l'accident ou à l'incident.

(JO n° 319 du 12. 12. 94, p. 14)

→ Ursachen (dt.)

→ causes (engl.)

→ *Причины* (russ.)

• **certification** (d'un produit, d'un service, d'un organisme ou d'une personne):

Toute forme de reconnaissance légale que tel produit, service, organisme ou personne respectent les conditions applicables. Une telle certification comporte deux actes:

1. l'acte permettant de contrôler que, techniquement, le produit, le service, l'organisation ou la personne respecte les conditions applicables; cet acte est dénommé «établissement des constats techniques»;

2. l'acte de reconnaissance formelle de cette conformité aux conditions applicables par la délivrance d'un certifcat, d'une licence, d'une approbation ou de tout autre document selon la forme requise par les lois et procédures nationales; cet acte est dénommé «établissement des constats légaux».

(JO n° L 373 du 31. 12. 91, p. 4)
→ Zulassung (dt.)

→ certification (engl.)

→ *Сертификация* (russ.)

• **certificat de transporteur aérien (AOC)**

Un document délivré à une entreprise ou à un groupe d'entreprises par les autorités compétentes des États membres attestant que le transporteur aérien concerné possède les capacités professionelles et l'organisation pour assurer l'exploitation d'aéronefs en toute sécurité en vue des activités de transport aérien qui y sont mentionnées.

(JO n° L 240 du 24. 08. 92, p. 1)

→ Luftverkehrsbetreiberzeugnis (AOC) (dt.)

→ *air operators* certificate (AOC) (engl.)

→ *Сертификат эксплуатанта* (russ.)

• **clauses abusives**

Les clauses d'un contrat telles qu'elles sont définies à *l'article 3 [de cette décision]*.

(JO n° L 95 du 21. 04. 93, p. 29)

→ mißbräuchliche *Klauseln* (dt.)

→ unfair *terms* (engl.)

→ *Положения, подвергаемые злоупотреблениям* (russ.)

• **compagnie aérienne**

Une entreprise de transport aérien qui a son administration centrale et son principal lieu d'activité dans la Communauté et dont la participation majoritaire est détenue par des ressortissants des États membres et/ou par les États membres et qui est effectivement contrôlée par ces ressortissants ou États, ou

une entreprise de transport aérien qui, tout en ne répondant pas à la définition visée au *point i) [voir au-dessus]*, à la date d'adoption de la présente directive:

A. soit a son administration centrale et son principal lieu d'activités dans la Communauté et a effectué pendant les douze mois précédant l'adoption de la présente directive des services aériens réguliers ou non dans la Communauté;

B. soit a effectué, pendant les douze mois précédant l'adoption de la présente directive, des services réguliers entre États membres au titre de la troisième et de la quatrième libertés de l'air.

Les compagnies aériens qui répondent aux critères visés ci-dessus figurent à *l'annexe B [de cette décision]*.

(JO n° L 237 du 26. 08. 83, p. 19)

→ Luftverkehrsunternehmen (dt.)

→ *air* carrier (engl.)

→ *Авиационное предприятие* (russ.)

• compte de gestion

Une description détaillée des recettes et des dépenses pour la période concernée, comprenant notamment une ventilation entre les activitées aériennes et non aériennes ainsi qu'entre des éléments financiers et non financiers.

(JO n° L 240 du 24. 08. 92, p. 1)

→ Ertragsrechnung (dt.)

→ *management* account (engl.)

→ *Подсчет доходов* (russ.)

C

• consommateur

Toute personne recherchant des informations au sujet d'un produit de transport aérien et/ou comptant acheter un tel produit.

(JO n° L 220 du 29. 07. 89, p. 1)

(JO n° L 333 du 31. 12. 93, p. 37)

La personne qui achète ou s'engage à acheter le forfait («le contractant principal»), ou toute personne au nom de laquelle le contractant principal s'engage à acheter le forfait («les autres bénéficiaires»), ou toute personne à laquelle le contractant principal ou un des autres bénéficiaires cède le forfait («le cessionaire»).

(JO n° L 158 du 23. 06. 90, p. 59)

Toute personne physique qui, dans les contrats relevant de la présente directive, agit à des fins qui n'entrent pas dans le cadre de son activité professionnelle.

(JO n° L 95 du 21. 04. 93, p. 29)

→ Verbraucher (dt.)

→ consumer (engl.)

→ *Потребитель* (russ.)

• contrat

L'accord qui lie le consommateur à l'organisateur et/ou au détaillant.

(JO n° L 158 du 23. 06. 90, p. 59)

→ Vertrag (dt.)

→ contract (engl.)

→ *Договор* (russ.)

• contrôle effectif

Une relation constituée par des droits, des contrats ou tout autre moyen qui, soit séparément soit conjointement et compte tenu des circonstances de droit et de fait du cas d'espèce, confèrent la possibilité d'exercer directement ou indirectement une influence déterminante sur une entreprise, grâce notamment à:

un droit de jouissance sur tout partie des actifs d'une entreprise,

des droits des contrats conférant une influence déterminante sur la composition, le vote ou les décisions des organes d'une entreprise ou conférant par ailleurs une influence déterminante sur la conduite des affaires de l'entreprise.

(JO n° L 333 du 31. 12. 93, p. 37)

(JO n° L 240 du 24. 08. 92, p. 1)

→ tatsächliche *Kontrolle* (dt.)

→ effective *control* (engl.)

→ *Фактический контроль* (russ.)

C, D

• créneau horaire

L'heure prévue d'arrivée ou de départ disponible ou attribuée à un mouvement d'aéronef à une date précise dans un aéroport coordonné aux termes du présent règlement.

(JO n° L 14 du 22. 01. 93, p. 1)

→ Zeitnische (dt)

→ Slot (engl.)

→ *Временный интервал (слот)* (russ.)

• désignation multiple sur la base d'une paire de pays

La désignation par un État d'enregistrement de deux transporteurs aériens ou plus, titulaires d'une licence délivrée par lui, pour l'exploitation de services aériens réguliers entre son territoire et celui d'un autre État membre.

(JO n° L 217 du 11. 08. 90, p. 8)

La désignation par un État membre de deux ou plus de ses transporteurs aériens pour l'exploitation de services aériens reguliers entre son territoire et celui d'un autre État membre.

(JO n° L 374 du 31. 12. 87, p. 12)

→ *Mehrfachbenennung* auf der Grundlage von Länder-paaren (dt.)

→ *multiple* designation on a country-pair basis (engl.)

→ *Назначение нескольких авиационных предприятий между государствами на двусторонней основе* (russ.)

• désignation multiple sur la base de paires de villes

La désignation par un État d'enregistrement de deux transporteurs aériens ou plus, titulaires d'une licence de-livrée par lui, pour l'exploitation d'un service aérien ré-gulier entre un aéroport ou un système aéroportuaire si-tué sur son territoire et un aéroport ou un système aéro-portuaire situé sur le territoire d'un autre État membre.

(JO n° L 217 du 11. 8. 90, p. 8)

La designation par un État membre de deux ou plus de ses transporteurs aériens pour l'exploitation d'un ser-vice aérien régulier entre un aéroport ou un système aéroportuaire situe sur son territoire et un aéroport ou un système aéroportuaire situé sur le territoire d'un autre État membre.

(JO n° L 374 du 31. 12. 87, p. 12)

→ *Mehrfachbenennung* auf der Grundlage von Städte-paaren (dt.)

→ *multiple* designation on a city-pair basis (engl.)

→ *Назначеие нескольких авиационных предприятий между городами на двусторонней основе* (russ.)

D

• destination finale

La destination figurant sur le billet présenté à l'enregistrement ou, s'il y a plusieurs vols successifs, sur le coupon correspondant au dernier vol. Les vols de correspondance qui peuvent être effectués sans problème, même si le refus d'embarquement a provoqué un retard, ne sont pas pris en considération.

(JO n° L 36 du 08. 02. 91, p. 5)

→ Endziel (dt.)

→ *final* destination (engl.)

→ *Место назначения* (russ.)

• détaillant

La personne qui vend ou offre à la vente le forfait établi par l'organisateur.

(JO n° L 158 du 23. 06. 90, p. 59)

→ Vermittler (dt.)

→ retailer (engl.)

→ *Посредник* (russ.)

• distributeur

Une entreprise qui est autorisée par le vendeur du système à offrir des fonctionnalités de distribution aux abonnés.

(JO n° L 239 du 30. 08. 88, p. 13)

(JO n° L 333 du 31. 12. 93, p. 37)

(JO n° L 10 du 05. 12. 1990, p. 9)

→ Vertreiber (dt.)

→ distributor (engl.)

→ *Дистрибьютор* (russ.)

• droit de trafic

Le droit d'un transporteur aérien de transporter des passagers, du fret et/ou du courrier sur une liaison aérienne desservant deux aéroports communautaires.

(JO n° L 240 du 24. 08. 92, p. 8)

→ Verkehrsrecht (dt.)

→ *traffic* right (engl.)

→ *Право на осуществление перевозок* (russ.)

• droit de trafic de troisième liberté

Le droit pour un transporteur aérien titulaire d'une licence dans un État de débarquer, sur le territoire d'un autre État, des passagers, du fret et du courrier embarqués dans l'État où la licence à été délivrée.

(JO n° L 217 du 11. 08. 90, p. 1, p. 8)

Le droit pour un transporteur aérien titulaire d'une licence dans un État de débarquer, sur le territoire d'un autre État, des passagers, des marchandises et du courrier embarqués dans l'État où la licence a été délivrée.

(JO n° L 36 du 08. 02. 91, p. 1)

→ *Verkehrsrecht* der dritten Freiheit (dt.)

→ third-freedom *traffic* right (engl.)

→ *Право на осуществление перевозок по третьей свободе* (russ.)

• droit de trafic de quatrième liberté

Le droit pour un transporteur aérien titulaire d'une licence dans un État d'embarquer, sur le territoire d'un autre État, des passagers, du fret et du courrier en vue de leur débarquement dans l'État où la licence a été délivrée.

(JO n° L 217 du 11. 08. 90, p. 1, p. 8)

Le droit pour un transporteur aérien titulaire d'une licence dans un État d'embarquer, sur le territoire d'un autre État, des passagers, des marchandises et du courrier, en vue de leur débarquement dans l'État où la licence a été délivrée.

(JO n° L 36 du 8. 2. 91, p. 1)

→ *Verkehrsrecht* der vierten Freiheit (dt.)

→ fourth-freedom *traffic* right (engl.)

→ *Право на осуществление перевозок по четвертой свободе* (russ.)

• droit de cinquième liberté

Le droit pour un transporteur aérien d'effectuer le transport de passagers, de fret et de courrier entre deux États autres que l'État où la licence a été délivrée.

(JO n° L 217 du 11. 08. 90. p. 1, p. 8)

Le droit pour un transporteur aérien d'effectuer le transport de passagers, de marchandises et de courrier entre deux États autres que l'État où la licence a été delivrée.

(JO n° L 36 du 08. 02. 91, p. 1)

→ *Verkehrsrecht* der fünften Freiheit (dt.)

→ fifth-freedom *traffic* right (engl.)

→ *Право на осуществление перевозок по пятой свободе* (russ.)

• durée totale du trajet

Le temps compris entre les heures de départ et d'arrivée.

(JO n° L 220 du 29. 07. 89, p. 1)

(JO n° L 333 du 31. 12. 93, p. 37)

→ Flugzeit (dt.)

→ *elapsed* journey time (engl.)

→ *Время полета* (russ.)

E

• élément

Une matériau, composant ou sous-ensemble n'entrant pas dans les définitions figurant aux *points b) [→ produit] ou c) [→ equipement]* et destiné à des aéronefs, à des moteurs, à des hélices ou à des équipements civils.

(JO n° L 373 du 31. 12. 91, p. 4);

→ Bauteil (dt.)

→ component (engl.)

→ *элетент конструкции* (russ.)

• enquête

Les activités menées en vue de prévenir les accidents et les incidents, qui comprennent la collecte et l'analyse de renseignements, l'exposé des conclusions, la détermination des causes et, s'il y a lieu, l'établissement de recommandations de sécurité.

(JO n° L 319 du 12. 12. 94, p. 14)

→ Untersuchung (dt.)

→ investigation (engl.)

→ *Расследование* (russ.)

• enquêteur désigné

La personne chargée, en raison de ses qualifications, de l'organisation, de la conduite et du contrôle d'une enquête.

(JO n° L 319 du 12. 12. 94, p. 14)

→ Untersuchungsführer (dt.)

→ investigator-in-charge (engl.)

→ *Руководитель расследования* (russ.)

• enregistreur de bord

Tout type d'enregistreur installé à bord d'un aéronef en vue de faciliter les enquêtes sur les accidents et les incidents.

(JO n° L 319 du 12. 12. 94, p. 14)

→ Flugschreiber (dt.)

→ *flight* recorder (engl.)

→ *Бортовой самописец* (russ.)

• entreprise

Une personne physique, une personne morale poursuivant ou ne poursuivant pas de but lucratif ou bien un organisme officiel doté ou non de la personnalité juridique.

(JO n° L 240 du 24. 08. 92, p. 1)

→ Unternehmen (dt.)

→ untertaking (engl.)

→ *Предприятие* (russ.)

E

• entretien

L'ensemble des opérations de contrôle, d'entretien, de modification et de réparation effectuées pendant toute la durée de vie de l'aéronef de façon à assurer que l'aéronef reste conforme à la certification de type et présente en toutes circonstances un niveau de sécurité élevé; elle comporte notamment les modifications imposées par les autorités parties aux arrangements visés au *point h) [→ arrangements]*, conformément aux concepts de contrôle de l'aptitude au vol.

(JO n° L 373 du 31. 12. 91, p. 4)

→ Instandhaltung (dt.)

→ maintenance (engl.)

→ *Техническое обслуживание* (russ.)

• équipement

Tout instrument, dispositif, mécanisme, appareil ou accessoire utilisé ou pouvant être utilisé pour l'exploitation d'un aéronef en vol, qu'il soit installé ou destiné à être installé dans un aéronef civil ou attaché à celui-ci, mais qui ne fait pas partie d'une cellule, d'un moteur ou d'une hélice.

(JO n° L 373 du 31. 12. 91, p. 4)

→ Ausrüstung (dt.)

→ appliance (engl.)

→ *Оборудование* (russ.)

• État concerné

L'État membre autre que l'État dont la compagnie aérienne est ressortissante, dans lequel sont situés les aéroports desservis par un service aérien interrégional.

(JO n° L 237 du 26. 08. 83, p. 19)

Les États membres entre lesquels le service aérien régulier en question est exploité.

(JO n° L 374 du 31. 12. 87, p. 12)

(JO n° L 217 du 11. 08. 90, p. 1, p. 8)

Les États membres entre lesquels un service de fret aérien est exploité.

(JO n° L 36 du 08. 02. 91, p. 1)

Les États membres entre lesquels le service aérien régulier en question est exploité.

(JO n° L 374 du 31. 12. 87, p. 12)

→ beteiligter *Staat* (dt.)

→ *State* affected (engl.)

→ *Участвующее государство* (russ.)

• État d'enregistrement

L'État membre dans lequel la licence visée *point a)* [→ *refus d'embarquement]* est délivrée.

(JO n° L 217 du 11. 08. 90, p. 8)

L'État membre dans lequel la licence visée au *point a)* [→ *refus d'embarquement]* est délivrée.

(JO n° L 36 du 08. 02. 91, p. 1)

(JO n° L 240 du 24. 08. 92, p. 8)

→ Registrierungsstaat (dt.)

→ *State* of registration (engl.)

→ *Государство регистрации* (russ.)

• État dont la compagnie aérienne est ressortissante

L'État membre dans lequel la compagnie aérienne est établie en tant que transporteur aérien à des fins commerciales.

(JO n° L 237 du 26. 08. 83, p. 19)

→ Heimatstaat (dt.)

→ *Home* State (engl.)

→ *Родина* (russ.)

• États membres concernés

Les États membres entre lesquels ou l'État membre à l'intérieur duquel est exploitée une liaison aérienne.

(JO n° L 240 du 24. 08. 92, p. 8)

Les États membres entre lesquels ou l'État membre à l'intérieur duquel le tarif de passager ou le tarif de fret est appliqué.

(JO n° L 240 du 24. 08. 92, p. 15)

→ betroffener *Mitgliedstaat*/
 betroffene Mitgliedstaaten (dt.)

→ Member *State(s)* concerned (engl.)

→ *Затронутое государство-член Сообщества*/
 затронутые государства-члены Сообщества
 (russ.)

• États membres impliqués

Le ou les États membres concernés et le ou les États membres dans lesquels le ou les transporteurs aériens exploitant le service aérien sont titulaires d'une licence.

(JO n° L 240 du 24. 08. 92, p. 8, p. 15)

→ beteiligter *Mitgliedstaat*/
 beteiligte Mitgliedstaaten (dt.)

→ Member *State(s)* involved (engl.)

→ *участвующее государство-член Сообщества*/
 участвующие государства-члены Сообщества
 (russ.)

• exploitant

Une personne, un organisme ou une entreprise qui se livre ou propose de se livrer à l'exploitation d'un ou de plusieurs aèronefs.

(JO n° L 319 du 12. 12. 94, p. 14)

F, I

→ Halter (dt.)

→ operator (engl.)

→ *эксплуатант* (russ.)

• fonctionnalités de distribution

Les fonctionnalités offertes par le vendeur du système, permettant l'affichage de données à la disposition des abonnés concernant les horaires, les tarifs, les places disponibles, et permettant d'effectuer des réservations, d'émettre des billets et d'offrir tout autre service annexe.

(JO n° L 239 du 30. 08. 88, p. 13)

Les moyens fournis par un vendeur de système afin de communiquer des informations concernant les horaires, les places disponibles, les tarifs et les services connexes des transporteurs aériens, d'effectuer des réservations et/ou d'émettre des billets et d'assurer tout autre service connexe.

(JO n° L 333 du 31. 12. 93, p. 37)

Les fonctionnalités offertes par le vendeur du système, permettant l'affichage de données à la disposition des abonnés concernant les horaires, les tarifs, les places disponibles, et permettant d'effectuer des réservations ou d'émettre des billets ou les deux, et permettant d'offrir tout autre service annexe.

(JO n° L 10 du 05. 12. 1990, p. 9)

→ Vertriebsmöglichkeiten;
→ Vertriebseinrichtungen (dt.)
→ *distribution* facilities (engl.)
→ *Канал(ы) сбыта* (russ.)

• fortfait

La combinaison préalable d'au moins deux des éléments suivants, lorsqu'elle est vendue ou offerte à la vente à un prix tout compris et lorsque cette prestation dépasse vingt-quatre heures ou inclut une nuitée:

a) transport;

b) logement;

c) autres services touristiques non accessoires au transport ou au logement représentant une part significative dans le forfait.

La facturation séparée de divers éléments d'un même forfait ne soustrait pas l'organisateur ou le détaillant aux obligations de la présente directive.

(JO n° L 158 du 23. 06. 90, p. 59)

→ Pauschalreise (dt)
→ package (engl.)
→ *Паушальная путевка* (russ.)

• incident

Un événement, autre qu'un accident, lié à l'utilisation d'un aéronef, qui compromet ou pourrait compromettre la sécurité de l'exploitation.

(JO n° L 319 du 12. 12. 94, p. 14)

I, L

→ Störung (dt.)

→ incident (engl.)

→ *Инцидент во время полета* (russ.)

• incident grave

Un incident dont les circonstances indiquent qu'un accident a failli se produire *(l'annexe [de cette décision] contient une liste d'exemples d'incidents graves)*.

(JO n° L 319 du 12. 12. 94, p. 14)

→ schwere *Störung* (dt.)

→ serious *incident* (engl.)

→ *Серьезный инцидент* (russ.)

• licence

Tout titre valide, délivré par un État membre, qui autorise son titulaire à exercer des fonctions à bord d'un aéronef civil immatriculé dans un État membre, en qualité de personnel navigant technique. Cette définition s'applique également aux qualifications attachées à ce titre.

(JO n° L 373 du 16. 12. 1991, p. 21)

→ Erlaubnis (dt.)

→ licence (engl.)

→ *Разрешение* (russ.)

• licence d'exploitation

Un document délivré par l'État membre compétent à une entreprise l'autorisant à effectuer, à titre onéreux, le transport aérien de passagers, de courrier et/ou de fret selon mentions figurant dans la licence.

(JO n° L 240 du 24. 08. 92, p. 1)

→ Betriebsgenehmigung (dt.)

→ *operating* licence (engl.)

→ *Сертификат эксплуатанта* (russ.)

• moyens de distribution

Les moyens qu'un vendeur de système met à la disposition d'un abonné ou d'un consommateur afin de lui fournir des données concernant les horaires, les places disponibles, les tarifs et les services connexes des transporteurs aériens, d'effectuer des réservations et/ou de délivrer des billets et d'assurer d'autres services connexes.

(JO n° L 220 du 29. 07. 89, p. 1)

→ Vertriebsmöglichkeiten (dt.)

→ *distribution* facilities (engl.)

→ *Канал(ы) сбыта* (russ.)

O

• nouvel arrivant

Un transporteur aérien demandant que lui soient attribués des créneaux horaires dans un aéroport pour un jour quelconque et disposant de moins de quatre créneaux horaires ou en ayant reçu moins dans cet aéroport, le jour en question

ou

un transporteur aérien demandant que lui soient attribués des créneaux horaires en vue d'un service sans escale entre deux aéroports communautaires, lorsque, au plus, deux autres transporteurs aériens exploitent un service direct entre ces aéroports ou systèmes aéroportuaires, le jour en question, et disposant de moins de quatre créneaux horaires ou en ayant reçu moins de quatre dans cet aéroport, le jour en question, pour ledit service sans escale.

Un transporteur aérien détenant plus de 3% du total des créneaux horaires disponibles le jour en question, dans un aéroport déterminé, ou détenant plus de 2% du total des créneaux horaires disponibles le jour en question, dans un système aéroportuaire dont ledit aéroport fait partie, n'est pas considéré comme un nouvel arrivant dans cet aéroport.

(JO n° L 14 du 22. 01. 93, p. 1)

→ Neubewerber (dt.)

→ *new* entrant (engl.)

→ *Новый претендент* (russ.)

• obligation de service public

Toute obligation imposée à un transporteur aérien en vue de prendre, à l'égard de toute liaison qu'il peut exploiter en vertu d'une licence qui lui a été délivrée par un État membre, toutes les mesures propres à assurer la prestation d'un service répondant à des normes fixes en matière de continuité, de régularité et de capacité, normes auxquelles le transporteur ne satisferait pas s'il ne devait considérer que son seul intérêt commercial.

(JO n° L 217 du 11. 08. 90, p. 8)

→ *Verpflichtung* zur öffentlichen Dienstleistung; gemeinwirtschaftliche *Verpflichtung* (dt.)

→ *public* service obligation (engl.)

→ *Обязанность осуществления воздушных первозок, диктуемое общественным интересом* (russ.)

• opérateur

Une personne physique résidente dans un État membre ou une personne morale établie dans un État membre, qui utilise un ou plusieurs aéronefs, conformément à la réglementation applicable dans cet État membre; ou un transporteur aérien communautaire, tel que défini par la législation communautaire.

(JO n° L 373 du 31. 12. 91, p. 4)

→ Halter (dt.)

→ operator (engl.)

→ *эксплуатант* (russ.)

O, P

• organisateur

La personne qui, de façon non occasionnelle, organise des forfaits et les vend ou offre à la vente directement ou par l'intermédiaire d'un détaillant.

(JO n° L 158 du 23. 06. 90, p. 59)

→ Veranstalter (dt.)

→ organizer (engl.)

→ *Организатор* (russ.)

• période de planification horaire

La saison d'été ou d'hiver, telle qu'elle est établie dans les horaires des transporteurs aériens.

(JO n° L 14 du 22. 01. 93, p. 1)

→ Flugplanperiode (dt.)

→ *scheduling* period (engl.)

→ *Сезон расписания полетов* (russ.)

• période de repos

Toute période qui n'est pas du temps de travail.

(JO n° L 307 du 13. 12. 93, p. 18)

→ Ruhezeit (dt.)

→ *rest* period (engl.)

→ *Нерабочее время* (russ.)

• période nocturne

Toute période d'au moins sept heures, telle que définie par la législation nationale, comprenant en tout cas l'intervalle compris entre vingt-quatre heures et cinq heures.

(JO n° L 307 du 13. 12. 93, p. 18)

→ Nachtzeit (dt.)

→ nighttime (engl.)

→ *Ночное время* (russ.)

• personnel navigant technique

Toute personne détentrice d'une licence et qui est chargée d'exercer des fonctions essentielles à la conduite de l'aéronef pendant le temps de vol. Cette définition s'applique aux pilotes, navigateurs et mécaniciens navigants.

(JO n° L 373 du 16. 12. 1991, p. 21)

→ Luftfahrtpersonal (dt.)

→ *cockpit* personnel (engl.)

→ *Летный авиационный персонал* (russ.)

• plan d'entreprise

Une description détaillée des activités commerciales prévues par le transporteur aérien durant la période concernée, notamment pour ce qui est de l'évolution du marché et des investissements qu'il compte effectuer, ainsi que des incidences financières et économiques de ces activitiés.

(JO n° L 240 du 24. 08. 92, p. 1)

→ Wirtschaftsplan (dt)
→ *business* plan (engl.)
→ *Хозяйственный план* (russ.)

• **Port communautaire**

Tout port maritime situé sur le territoire douanier de la Communauté.

(Jo CE L 374 du 31. 12. 1991, p. 4; G/S/M, Europ. LVR, B IV 1.4)

→ Gemeinschaftshafen (dt.)
→ *community* port (engl.)
→ *Порт Сообщества* (russ.)

• **prix d'affrètement par siège**

Les prix exprimés en écus ou en monnaie nationale que les affréteurs doivent payer aux transporteurs aériens pour qu'ils assurent le transport de l'affréteur ou de ses clients et de leurs bagages sur les services aériens, ainsi que les conditions d'application de ces prix, y compris la rémunération et les conditions offertes aux agences et autres services auxiliaires.

(JO n° L 240 du 24. 08. 92, p. 15)

→ Sitztarife (dt.)

→ *seat* rates (engl.)

→ *Посадочные тарифы* (russ.)

• produit

Un aéronef, un moteur, une hélice ou un équipement civil.

(JO n° L 373 du 31. 12. 91, p. 4)

→ Erzeugnis (dt.)

→ product (engl.)

→ *Продукция* (russ.)

• produit de transport aérien

Un service aérien régulier de transport de voyageurs, y compris tous les services accessoires connexes et prestations supplémentaires proposés ou vendus comme partie intégrante du service aérien.

(JO n° L 220 du 29. 07. 89, p. 1)

Le transport par voie aérienne d'un passager entre deux aéroports, y compris tous les services subsidiaires et prestations supplémentaires qui y sont liés et qui sont proposés et/ou vendus comme partie intégrante dudit produit.

(JO n° L 333 du 31. 12. 93, p. 37)

P, Q

→ Luftverkehrsprodukt (dt.)

→ *air* transport product (engl.)

→ *Авиатранспортная услуга* (russ.)

• professionnel

Toute personne physique ou morale qui, dans les contrats relevant de la présente directive, agit dans le cadre de son activité professionnelle, qu'elle soit publique ou privée.

(JO n° L 95 du 21. 04. 93, p. 29)

→ Gewerbetreibender (dt.)

→ seller or supplier (engl.)

→ *Мелкий предприниматель* (russ.)

• qualification

La mention qui figure sur la licence, ou qui fait l'objet d'un document distinct, et qui précise les conditions particulières, les privilèges ou les restrictions dont est assortie cette licence.

(JO n° L 373 du 16. 12. 1991, p. 21)

→ Berechtigung (dt.)

→ rating (engl.)

→ *Квалификационная отметка* (russ.)

• quote-part de capacité

La quote-part d'un État membre exprimée en pour-centage de la capacité totale calculée conformément à *l'article 11 de cette décision* dans une liaison bilatérale avec un autre État membre, à l'exclusion de toute capacité offerte par des services de cinquième liberté.

(JO n° L 217 du 11. 08. 90, p. 8)

La quote-part du ou des transporteurs aériens d'un État membre exprimée en pourcentage de la capacité totale dans une liaison bilatérale avec un autre État membre, à l'exclusion de toute capacité offerte en ap-plication de *l'article 6 paragraphe 3 de cette décision* ou en application de la directive 83/416/CEE ainsi que de toute capacité offerte par un transporteur aérien de cinquième liberté.

(JO n° L 374 du 31. 12. 87, p. 12)

→ Kapazitätsanteil (dt.)

→ *capacity* share (engl.)

→ *Доля участия в пассжиро-емкости* (russ.)

• recommandation de sécurité

Toute proposition formulée par l'organisme d'enquête sur les accidents de l'État qui a mené l'enquête tech-nique, sur la base de renseignements résultant de cette enquête, en vue de prévenir les accidents et les inci-dents.

(JO n° L 319 du 12. 12. 94, p. 14)

R

- → Sicherheitsempfehlung (dt.)

- → *safety* recommandation (engl.)

- → *Рекомендация по обеспечению безопасности* (russ.)

• reconnaissance

L'autorisation d'utiliser sur un aéronef immatriculé dans un État membre une licence délivrée dans un autre État membre, conformément aux privilèges qui y sont attachés.

(JO n° L 373 du 16. 12. 91, p. 21)

- → Anerkennung (dt.)

- → recognition (engl.)

- → *Признание* (russ.)

• refus d'embarquement

Le refus d'embarquer des passagers qui:

– disposent d'un billet en cours de validité,

– disposent d'une réservation confirmée pour le vol concerné

    et

– se sont présentés à l'enregistrement dans les délais et conditions requis.

(JO n° L 36 du 08. 02. 91, p. 5)

→ Nichtbeförderung (dt.)

→ denied *boarding* (engl.)

→ *Отказ в предоставлении места на самолет* (russ.)

• réservation confirmée

Le fait qu'un billet vendu par le transporteur aérien ou par son agent de voyage agréé:

précise le numéro, la date et l'heure du vol

et

porte dans le cadre réservé à cet effet la mention «OK» ou toute autre mention, par laquelle le transporteur aérien indique qu'il a enregistré et expressément confirmé la réservation.

(JO n° L 36 du 08. 02. 91, p. 5)

→ bestätigte *Buchung* (dt.)

→ confirmed *reservation* (engl.)

→ *Подтвержденное бронирование* (russ.)

• service aérien

Un vol ou une série de vols transportant, à titre onéreux, des passagers, du fret et/ou du corrier.

(JO n° L 240 du 24. 08. 92, p. 8, p. 15)

S

→ Flugdienst (dt.)

→ *air* service (engl.)

→ *Воздушные перевозки* (russ.)

• service aérien direct

Un service assuré entre deux aéroports, escales comprises, avec le même aéronef et le même numéro de vol.

(JO n° L 14 du 22. 01. 93, p. 1)

→ direkter *Flugdienst* (dt.)

→ direct *air* service (engl.)

→ *Прямые воздушные перевозки* (russ.)

• service aérien interrégional

Un service aérien régulier pouvant être autorisé conformément à *l'article 1er [de cette décision]*.

(JO n° L 237 du 26. 08. 83, p. 19)

→ interregionaler *Linienflugverkehr* (dt.)

→ inter-regional *air* service (engl.)

→ *Регулярное воздушное сообщение* (russ.)

• service aérien régulier

Une série de vols possédant chacun toutes les caractéristiques ci-après:

– ils sont effectués, au sens de *l'article 1er [de cette décision]*, moyennant rémunération de telle manière que chacun de ces vols soit accessible au public;

– ils sont exécutés afin d'assurer le trafic entre deux mêmes points ou plus,

    1. soit suivant un horaire publié,

    2. soit avec une régularité ou une fréquence telle qu'ils constituent une série systématique évidente de vols.

(JO n° L 237 du 26. 08. 83, p. 19)

Une série de vols dont chacun présente l'ensemble des caractéristiques suivantes:

il traverse l'espace aérien de plus d'un État membre;

il est effectué, à titre onéreux, au moyen d'aéronefs destinés à transporter des passagers ou des passagers et du fret et/ou du courrier, dans des conditions telles que, sur chaque vol, des places sont mises à la disposition du public (soit directement par le transporteur aérien, soit par ses agents agréés):

il est organisé de façon à assurer la liaison entre les mêmes deux points ou plus:

1. soit selon un horaire publié;

2. soit avec une régularité ou une fréquence telle qu'il fait partie d'une série systématique évidente.

(JO n° L 374 du 31. 12. 87, p. 12)

(JO n° L 220 du 29. 07. 89, p. 1)

(JO n° L 217 du 11. 08. 90, p. 1, p. 8)

(JO n° L 240 du 24. 08. 92, p. 8)

(JO n° L 333 du 31. 12. 93, p. 37)

service aérien régulier: une série de vols dont chacun présente l'ensemble des caractéristiques suivantes:

– il traverse l'espace aérien de plus d'un État membre;

– il est effectué, à titre onéreux, au moyen d'aéronefs destinés à transporter des passagers ou des passagers et du fret et/ou du courrier, dans des conditions telles que, sur chaque vol, des places sont mises à la disposition du public (soit directement par le transporteur aérien, soit par ses agents agréés);

– il est organisé de façon à assurer la liaison entre les mêmes deux points ou plus:

1. soit selon un horaire publié;

2. soit avec une régularité ou une fréquence telle qu'il fait partie d'une série systématique évidente.

(JO n° L 374 du 31. 12. 87, p. 12)

→ planmäßiger *Flugdienst*; Linienflugverkehr; Fluglinienverkehr (dt.)

→ *scheduled* air service (engl.)

→ *Регулярное воздушное сообшение* (russ.)

• services de fret aérien

Des services aériens exclusivement affectés au transport de marchandises et de courrier.

(JO n° L 36 du 08. 02. 91, p. 1)

→ Luftfrachtdienste (dt.)

→ *air* cargo services (engl.)

→ *Грузовые авиаперевозки* (russ.)

• système aéroportuaire

Deux aéroports ou plus regroupés pour desservir la même ville, comme indiqué dans *l'annexe II [de cette décision]*.

(JO n° L 217 du 11. 08. 90, p. 8)

(JO n° L 240 du 24. 06. 92, p. 8)

Deux aéroports ou plus regroupés pour desservir la même ville.

(JO n° L 36 du 08. 02. 91, p. 1)

(JO n° L 374 du 14. 12. 1987, p. 12)

Deux aéroports ou plus regroupés et desservant la même ville ou conurbation, comme indiqué à *l'annexe II* du règlement (CEE) n° 2408/92.

(JO n° L 14 du 22. 01. 93, p. 1)

→ Flughafensystem (dt.)

→ *airport* system (engl.)

→ *Система аэропортов* (russ.)

S

• système informatisé de réservation (SIR)

Un système informatisé qui content des données concernant, entre autres:

les horaires, les places disponibles, les tarifs et les services connexes avec ou sans des moyens permettant d'effectuer des réservations ou de délivrer des billets,

pour autant que certains ou l'ensemble de ces services soient accessibles aux abonnés.

(JO n° L 220 du 29. 07. 89, p. 1)

(JO n° L 333 du 31. 12. 93, p. 37)

Un système informatisé contenant des données concernant les horaires, les tarifs, les places disponibles et les services annexes des transporteurs aériens, grâce auquel des réservations peuvent être effectuées ou des billets émis, ou les deux.

(JO n° L 239 du 30. 08. 88, p. 13)

Un système informatisé contenant des données relatives notamment aux horaires, aux tarifs, aux places disponibles et aux services annexes offerts par les transporteurs aériens sur des vols réguliers ou non, grâce auquel des réservations peuvent être effectuées ou des billets émis, ou les deux, dans la mesure où tout ou partie de ces services sont offerts aux abonnés à ce système.

(JO n° L 10 du 05. 12. 90, p. 9)

→ *computergesteuertes* Buchungssystem (CRS) (dt.)

→ *computerized* reservation system (CRS) (engl.)

→ *Компьютерная система бронирования* (russ.)

• tarif

Le prix à acquitter pour les produits de transport aérien et les conditions dans lesquelles ce prix est applicable.

(JO n° L 333 du 31. 12. 93, p. 37)

→ Flugpreis (dt.)

→ fare (engl.)

→ *Тарифы* (russ.)

• tarif aérien

Les prix exprimés en écus ou en monnaie nationale que doivent payer les passagers aux transporteurs aériens ou à leurs agents pour leur propre transport et celui de leurs bagages sur des services aériens, ainsi que les conditions d'application de ces prix, y compris la rémunération et les conditions offertes aux agences et autres services auxiliaires.

(JO n° L 240 du 24. 08. 92, p. 15)

→ Flugpreise (dt.)

→ *air* fares (engl.)

→ *Тарифы* (russ.)

T

• tarifs aériens réguliers

Les prix à payer dans la monnaie nationale pour le transport de passagers et de bagages sur les services aériens réguliers, ainsi que les conditions d'application de ces prix, y compris la rémunération et les conditions offertes aux agences et autres services auxiliaires.

(JO n° L 374 du 31. 12. 87, p. 12)

(JO n° L 217 du 11. 08. 90, p. 1)

→ Fluglinientarife (dt.)

→ *scheduled* air fares (engl.)

→ *Тарифы в регулярном воздушном сообщении* (russ.)

• tarif charter

Les prix exprimés en écus ou en monnaie nationale que les passagers doivent payer aux affréteurs pour des services assurant ou incluant leur transport et celui de leurs bagages sur les services aériens, ainsi que les conditions d'application de ces prix, y compris la rémunération et les conditions offertes aux agences et autres services auxiliaires.

(JO n° L 240 du 24. 08. 92, p. 15)

→ Charterpreise (dt.)

→ *charter* fares (engl.)

→ *Чартерные тарифы* (russ.)

• tarif de base

Le tarif entièrement flexible le plus bas pour un aller simple ou un aller et retour qui est offert au moins dans une aussi large mesure que tout autre tarif entièrement flexible offert pour le même service aérien.

(JO n° L 240 du 24. 08. 92, p. 15)

→ Grundpreis (dt.)

→ *basic* fare (engl.)

→ *Базисный тариф* (russ.)

• tarifs de fret

Les prix à payer en monnaie nationale pour le transport de marchandises, ainsi que les conditions d'application de ces tarifs, y compris la rémunération et les conditions offertes aux agents et aux autres auxiliaires.

(JO n° L 36 du 08. 02. 91, p. 1)

Les prix exprimés en écus ou en monnaie nationale à payer pour le transport de fret, ainsi que les conditions d'application de ces prix, y compris la rémunération et les conditions offertes aux agences et autres services auxiliaires.

(JO n° L 240 du 24. 08. 92, p. 15)

→ Frachtraten (dt.)

→ *cargo* rates (engl.)

→ *Грузовые тарифы* (russ.)

T

• tarifs de fret standard

Les prix normalement pratiqués par le transporteur aérien pour le transport de fret, ainsi que les conditions d'application de ces tarifs, sans qu'il soit tenu compte des rabais spéciaux qui pourraient être pratiqués.

(JO n° L 36 du 08. 02. 91, p. 1)

Les tarifs de fret normalement pratiqués par le transporteur aérien, déduction faite des rabais normaux.

(JO n° L 240 du 24. 08. 92, p. 15)

→ Standardfrachtraten (dt.)

→ standard *cargo rates* (engl.)

→ *Стандартные грузовые ставки* (russ.)

• tarif de référence

Le tarif aérien économique normal pratiqué par un transporteur aérien de troisième ou de quatrième liberté sur les liaisons en question; s'il existe plusieurs tarifs de ce type, c'est le niveau moyen qui sera retenu, sauf s'il en est convenu différemment par voie bilatérale; lorsqu'il n'existe pas de tarif économique normal, c'est le tarif entièrement flexible le plus bas qui est retenu.

(JO n° L 374 du 31. 12. 87, p. 12)

Le tarif aérien économique normal, aller simple ou aller et retour, selon le cas, pratiqué par un transporteur aérien de troisième ou de quatrième liberté sur la liaison en question; s'il existe plusieurs tarifs de ce type, c'est la moyenne arithmétique de tous ces tarifs qui sera retenue, sauf s'il en est convenu différemment par voie bilatérale; lorsqu'il n'existe pas de tarif économique normal, c'est le tarif entièrement flexible le plus bas qui est retenu.

(JO n° L 217 du 11. 08. 90, p. 1)

→ Bezugstarif (dt.)

→ *reference* fare (engl.)

→ *Основной тариф* (russ.)

• **temps de travail**

Toute période durant laquelle le travailleur est au travail, à la disposition de l'employeur et dans l'exercice de son activité ou de ses fonctions, conformément aux législation et/ou pratiques nationales.

(JO n° L 307 du 13. 12. 93, p. 18)

→ Arbeitszeit (dt.)

→ *working* time (engl.)

→ *Рабочее время* (russ.)

T

• transporteur aérien

Une entreprise de transport aérien titulaire d'une licence d'exploitation valable pour l'exploitation de services aériens réguliers.

(JO n° L 374 du 31. 12. 87, p. 12)

Une entreprise de transport aérien possédant une licence d'exploitation valable délivrée par un État membre pour l'exploitation de services aériens réguliers.

(JO n° L 217 du 11. 08. 90, p. 1, p. 8)

Une entreprise de transport aérien, possédant une licence d'exploitation en cours de validité.

(JO n° L 240 du 24. 08. 92, p 1, p. 8, p. 15)

Une entreprise de transport aérien possédant une licence d'exploitation valable pour l'exploitation de services aériens réguliers.

(JO n° L 374 du 31. 12. 87, p. 12)

→ Luftfahrtunternehmen (dt.)

→ *air* carrier (engl.)

→ *Авиационное предприятие* (russ.)

• transporteur aérien communautaire/ transporteur aérien de la communauté

Un transporteur aérien qui a son administration centrale et son principal établissement dans la Communauté, dont la participation majoritaire est détenue par des ressortissants d'États membres et/ou par des États membres et qui est effectivement contrôlé par de tels ressortissants ou États ou

un transporteur aérien qui, à la date d'adoption de la présente décision, tout en ne répondant pas à la definition visée *sous i) [voir au-dessus]*:

1. soit a son administration centrale et son principal établissement dans la Communauté et a effectué, pendant les douze mois précédant l'adoption de la présente décision, des services aériens réguliers ou non dans la Communauté;

2. soit effectué, pendant les douze mois précédant l'adoption de la présente décision, des services réguliers entre des États membres au titre des troisième et quatrième libertés de l'air.

Les compagnies aériennes qui répondent aux critères visésci-dessus sont énumérées à *l'annexe I [de cette décision]*.

(JO n° L 374 du 31. 12. 87, p. 12)

→ *Luftfahrtunternehmen* der Gemeinschaft (dt.)

→ Community *air carrier* (engl.)

→ *Авиационное предприятие Сообщества* (russ.)

T

• transporteur aérien communautaire

Un transporteur aérien qui a et continue d'avoir son administration centrale et son principal établissement dans la Communauté, dont la participation majoritaire est et reste détenue par des États membres et/ou par des ressortissants d'États membres, et qui est et reste effectivement contrôlé par de tels États ou de telles personnes ou

un transporteur aériens qui, tout en ne répondant pas, à la date d'adoption du présent règlement, à la définition figurant:

1. soit a son administration centrale et son principal établissement dans la Communauté et a assuré, pendant les douze mois précédant l'adoption du présent règlement, des services aériens, réguliers ou non, dans la Communauté;

2. soit a assuré pendant les douze mois précédant l'adoption du présent règlement, des services aériens réguliers entre des États membres au titre des droits de trafic de troisième et quatrième libertés.

Les transporteurs aériens qui répondent aux critères énoncés sous ii) *[voir le passage au-dessus] sont énumérés à l'annexe I.*

(JO n° L 217 du 11. 08. 90, p. 1, p. 8)

→ *Gemeinschafts-* Luftverkehrsunternehmen(dt.)

→ community *air* carrier (engl.)

→ *Авиационное предприятие Сообщества* (russ.)

Un transporteur aérien titulaire d'une licence d'exploitation en cours de validité délivrée par un État membre en vertu du règlement (CEE) n° 2407/92 du Conseil, du 23 juillet 1992, concernant les licences des transporteurs aériens.

(JO n° L 240 du 24. 08. 92, p. 9)

Un transporteur aérien titulaire d'une licence d'exploitation en cours de validité délivrée par un État membre conforménent au règlement (CEE) n° 2407/92 du Conseil, du 23 juillet 1992, concernant la délivrance de licences des transporteurs aériens.

(JO n° L 240 du 24. 08. 92, p. 16)

Un transporteur aérien titulaire d'une licence d'exploitation valable délivrée par un État membre conforménent au règlement (CEE) n° 2407/92 du Conseil, du 23 juillet 1992, concernant les licences des transporteurs aériens.

(JO n° L 14 du 22. 01. 93, p. 1)

→ *Luftfahrtunternehmen* der Gemeinschaft (dt.)

→ community *air carrier* (engl.)

→ *Авиационное предприятие Сообщества* (russ.)

FRANZÖSISCH

• transporteur aérien de fret

Visé à l'article 2 point e) lettre ii) du réglement (CEE) n° 2343/90 et figurant à *l'annexe du présent règlement.*

(JO n° L 36 du 08. 02. 91, p. 1)

T

→ Luftfrachtunternehmen (dt.)

→ *air* cargo carrier (engl.)

→ *Авиационное предприятие для перевозки грузов* (russ.)

• transporteur aérien de troisième liberté

Un transporteur aérien autorisé à débarquer, sur le territoire d'un autre État, des passagers, du fret et du courrier embarqués dans l'État dans lequel il est enregistré.

(JO n° L 374 du 31. 12. 87, p. 12)

→ *Luftfahrtunternehmen* der dritten Freiheit (dt.)

→ third-freedom *air carrier* (engl.)

→ *Авиационное предприятие третьей свободы* (russ.)

• transporteur aérien de quatrième liberté

Un transporteur aérien autorisé à embarquer, sur le territoire d'un autre État, des passagers, du fret et du courrier, en vue de leur débarquement dans l'État dans lequel il est enregistré.

(JO n° L 374 du 31. 12. 87, p. 12)

→ *Luftfahrtunternehmen* der vierten Freiheit (dt.)

→ fourth-freedom *air carrier* (engl.)

→ *Авиационное предприятие четвертой свободы* (russ.)

• transporteur aérien de cinquième liberté

Un transporteur aérien autorisé à effectuer le transport commercial de passagers, de fret et de courrier entre deux États autres que l'État dans lequel il est enregistré.

(JO n° L 374 du 31. 12. 87, p. 12)

→ *Luftfahrtunternehmen* der fünften Freiheit (dt.)

→ fifth-freedom *air carrier* (engl.)

→ *Авиационное предприятие пятой свободы* (russ.)

• transporteur associé

Un transporteur aérien qui est un vendeur de système ou qui, directement ou indirectement, seul ou conjointement avec d'autres, possède ou contrôle un vendeur de système.

(JO n° L 220 du 29. 07. 89, p. 1)

(JO n° L 239 du 30. 08. 88, p. 13)

(JO n° L 10 du 05. 12. 90, p. 9)

Tout transporteur aérien qui, directement ou indirectement, conjointement avec d'autres, possède ou contrôle effectivement un vendeur de système, ainsi que tout transporteur aérien dont il a la propriété ou sur lequel il a un contrôle effectif.

(JO n° L 333 du 31. 12. 93, p. 37)

FRANZÖSISCH

T

→ Mutterluftfahrtunternehmen (dt.)

→ parent *carrier* (engl.)

→ *Головное авиационное предпиятие* (russ.)

• transporteur communautaire de fret aérien

Un transporteur de fret aérien qui a et conserve son administration centrale et son principal établissement dans la Communauté, dont la participation majoritaire est et reste détenue par des États membres et/ou par des ressortissants d'États membres et qui est et reste effectivement contrôlé par ces États ou ces personnes.

(JO n° L 36 du 08. 02. 91, p. 1)

→ *Luftfrachtunternehmen* der Gemeinschaft (dt.)

→ community *air cargo carrier* (engl.)

→ *Авиационное предприятие Сообщества дпя перевозки грузов* (russ.)

• transporteur de fret aérien

Une entreprise de transport aérien qui possède une licence d'exploitation en cours de validité délivrée par un État membre et l'autorisant au moins à exploiter des services de fret aérien.

(JO n° L 36 du 08. 02. 91, p. 1)

→ Luftfrachtunternehmen (dt.)

→ *air* cargo carrier (engl.)

→ *Авиационное предприятие для перевозки грузов* (russ.)

• transporteur participant

Un transporteur aérien qui a conclu un accord avec un vendeur de système pour la distribution, par l'intermédiaire d'un SIR, de ses produits de transport aérien. Dans la mesure où un transporteur associé utilise les moyens de distribution de son propre SIR, il est assimilé à un transporteur participant.

(JO n° L 220 du 29. 07. 89, p. 1)

(JO n° L 333 du 31. 12. 93, p. 37)

Un transporteur aérien qui a conclu un accord avec un vendeur de système pour l'affichage de ses horaires, tarifs et places disponibles ou pour les réservations ou la délivrance de billets par le SIR en vue de la vente de services de transports aériens au public. Dans la mesure où un transporteur associé d'un SIR utilise ses fonctionnalités de distribution, il sera considéré comme un transporteur participant.

(JO n° L 239 du 30. 08. 88, p. 13)

Un transporteur aérien qui a conclu un accord avec un vendeur de système pour offrir ses services par l'intermédiaire d'un SIR. Dans la mesure où un transporteur associé d'un SIR utilise ses fonctionnalités de distribution, il sera considéré comme un transporteur participant.

(JO n° L 10 du 05. 12. 1990, p. 9)

→ teilnehmendes *Luftfahrtunternehmen* (dt.)

→ participating *carrier* (engl.)

→ *Участвующее авиационное предприятие* (russ.)

FRANZÖSISCH

T

• travailleur de nuit

D'une part, tout travailleur qui accomplit durant la période nocturne au moins trois heures de son temps de travail journalier accomplies normalement;

d'autre part, tout travailleur qui est susceptible d'accomplir, durant la période nocturne, une certaine partie des son temps de travail annuel, définie selon le choix de l'État membre concerné:

– par la législation nationale, après consultation des partenaires sociaux ou

– par des conventions collectives ou accords conclus entre partenaires sociaux au niveau national ou régional.

(JO n° L 307 du 13. 12. 93, p. 18)

→ Nachtarbeiter (dt.)

→ *night* worker (engl.)

→ *Работник ночной смены* (russ.)

• travail posté

Tout mode d'organisation du travail en équipe selon lequel des travailleurs sont occupés successivement sur les mêmes postes de travail, selon un certain rythme, y compris le rythme rotatif, et qui peut être de type continu ou discontinu, entraînant pour les travailleurs la nécessité d'accomplir un travail à des heures différentes sur une période donnée de jours ou de semaines.

(JO n° L 307 du 13. 12. 93, p. 18)

→ Schichtarbeit (dt.)

→ *shift* work (engl.)

→ *Работа в смену* (russ.)

• **travailleur posté**

Tout travailleur dont l'horaire de travail s'inscrit dans le cadre du travail posté.

(JO n° L 307 du 13. 12. 93, p. 18)

→ Schichtarbeiter (dt.)

→ *shift* worker (engl.)

→ *Работающий в смену* (russ.)

• **Traversée maritime intracommunautaire**

Le déplacement, entre deux port communautaires, sans escale entre ces deux ports, d'un navire assurant régulièrement la correspondance entre deux ou plusieurs ports communautaires déterminés.

(JO CE L 374 du 31. 12. 1991, p. 4; G/S/M, Europ. LVR B IV 1.4)

→ innergemeinschaftliche *Seereise* (dt.)

→ intra-Community *sea-crossing* (engl.)

→ *Морское сообщение внутри Сообщества* (russ.)

V

• validation

La déclaration expresse faite par un État membre selon laquelle une licence délivrée par un autre État membre peut être utilisée au même titre qu'une licence délivrée par lui-même.

(JO n° L 373 du 16. 12. 91, p. 21)

→ Gültigerklärung (dt.)

→ validation (engl.)

→ *Официальное подтверждение* (russ.)

• variante nationale

Une règle ou un règlement national imposé par un pays en complément d'un JAR ou en lieu et place de celui-ci.

(JO n° L 373 du 31. 12. 91, p. 4)

→ *Einzelstaatliche* Abweichungen (dt.)

→ *national* variant (engl.)

→ *Национальные особенности* (russ.)

• vendeur de système

Tout établissement et ses filiales qui sont responsables de l'exploitation ou de la commercialisation d'un SIR.

(JO n° L 220 du 29. 07. 89, p. 1)

(JO n° L 333 du 31. 12. 93, p. 37)

Un entreprise qui exploite un SIR.

(JO n° L 239 du 30. 08. 88, p. 13)

Un organisme responsable de l'exploitation d'un SIR.

(JO n° L 10 du 05. 12. 90, p. 9)

→ Systemverkäufer (dt.)

→ *system* vendor (engl.)

→ *Продавец компьютерной системы* (russ.)

• vente de sièges

La vente directe de sièges au public par le transporteur aérien ou son agent agréé ou un affréteur, à l'exclusion de tout autre service associé tel que l'hébergement.

(JO n° L 240 du 24. 08. 92, p. 8)

→ Nur-Sitzplatz-Verkauf (dt.)

→ seat-only-sales (engl.)

→ *Только продажа мест* (russ.)

• vol

Un départ d'un aéroport déterminé vers une destination déterminée.

(JO n° L 374 du 31. 12. 87, p. 12)

(JO n° L 217 du 11. 08. 90, p. 1, p. 8)

(JO n° L 240 du 24. 08. 92, p. 8)

V

→ Flug (dt)

→ flight (engl.)

→ *Полет* (russ.)

• vol intracommunautaire

Le déplacement d'un aéronef entre deux aéroports communautaires, sans escale entre ces deux aéroports et n'ayant pas commencé ou ne se terminant pas dans un aéroport non communautaire.

(JO CE L 374 du 31. 12. 1991, p. 4; G/S/M, Europ. LVR B IV 1.4)

→ innertemeinschaftlicher *Flug* (dt.)

→ intra-community *flight* (engl.)

→ *полет в рамках Сообщеqвд* (russ.)

• vol régulier

Un vol qui présente chacune des caractéristiques suivantes:

– effectué, à titre onéreux, au moyen d'aéronefs destinés à transporter des passagers ou des passagers et du fret et/ou du courrier, dans des conditions telles que, sur chaque vol, des places sont mises à la disposition du public, soit directement par le transporteur aérien, soit par ses agents agréés,

– organisé de façon à assurer la liaison entre deux points ou plus: soit selon un horaire publié; soit avec une régularité ou une fréquence telle qu'il fait partie d'une série systématique évidente.

(JO n° L 36 du 08. 02. 91, p. 5)

- → Linienflug (dt.)
- → *scheduled* flight (engl.)
- → *Регулярный полет* (russ.)

• vol surréservé

Un vol sur lequel le nombre de passagers disposant d'une réservation confirmée et se présentant à l'enregistrement dans les délais et conditions requis dépasse le nombre de sièges disponibles.

(JO n° L 36 du 08. 02. 91, p. 5)

- → überbuchter *Flug* (dt.)
- → overboarded *flight* (engl.)
- → *Рейс, на который выдано больше брони, чем имеющихсямест* (russ.)

• volontaire

Une personne qui:

- – dispose d'un billet en cours de validité,
- – dispose d'un réservation confirmée

  et

- – s'est présentée à l'enregistrement dans les délais et conditions requis et est prête à céder, lorsque le

FRANZÖSISCH

transporteur aérien en fait la demande, sa réservation confirmée en échange d'une compensation.

(JO n° L 36 du 08. 02. 91, p. 5)

- → Freiwilliger (dt.)
- → volunteer (engl.)
- → *Добровольно отказывающийся от брони пассажир* (russ.)

• zone de flexibilié

La zone tarifaire visée à *l'article 5*, à l'interieur de laquelle les tarifs aériens répondant aux conditions fixées à l'annexe II se qualifient pour une approbation automatique par les autorités aéronautiques des États membres. Les limites d'une zone exprimées en pourcentages du tarif de référence.

(JO n° L 374 du 31. 12. 87, p. 12)

(JO n° L 217 du 11. 08. 90, p. 1)

- → Flexibilitätszone (dt.)
- → *zone* of flexibility (engl.)
- → *Зона гибкости* (russ.)

• Абонент

Другое, а не участвующее авиационное предприятие, которое в рамках Общего рынка на основе договора с продавцом компьютерной системы или с ее дистрибьютором пользуется компьютерной системой бронирования для предоставления авиационно-транспортных услуг любому лицу.

(ОЖ ЕС № L 239 от 30.08.1988, С. 13; Г/Ш/М, Евр. ВП, В I 2.2)

→ *Abonnent* (dt.)

→ *subscriber* (engl.)

→ *abonné* (frz.)

• Абонентный пользователь

Лицо или предприятие, выступающее в качестве неучаствующего авиационного предприятия, которое на основе договорного обязательства или других соглашений с продавцом компьютерных систем пользуется возможностями сбыта компьютерной системы бронирования для предоставления авиатранспортных услуг.

(ОЖ ЕС № L 220 от 29.07.1989, С. 1; Г/Ш/М, Евр. ВП, В I 1.8)

Лицо или предприятие, не являющееся участвующим авиационным предприятием, которое на основе договорного обязательства или других соглашений с продавцом компьютерных систем или их дистрибьютором пользуется возможностями сбыта компьютерной системы бронирования для предложения авиатранспортных услуг частным лицам.

(ОЖ ЕС № L 10 от 15.01.1981, С. 9; Г/Ш/М, Евр. ВП, В II 2.6)

Лицо или предприятие, за исключением участвующих авиационных предприятий, которое использует средства сбыта компьютерной системы бронирования для предоставления авиатранспортных услуг на основе договорных обязательств или других соглашений.

(ОЖ ЕС № L 333 от 31.12.1993, С. 37; Г/Ш/М, Евр. ВП, В I 2.14)

→ *abonnierter Benutzer* (dt.)

→ *subscriber* (engl.)

→ *abonné* (frz.)

• Грузовые **авиаперевозки**

Авиаперевозки, предназначенные исключительно для перевозки грузов и почты.

(ОЖ ЕС № L 36 от 08.02.1991, С. 1; Г/Ш/М, Евр. ВП, В I 1.12)

→ *Luftfrachtdienste* (dt.)

→ *air* cargo services (engl.)

→ *services* de fret aérien (frz.)

• Аэропорт

Любая территория в государстве-участнике, которая открыта для коммерческих воздушных перевозок.

(ОЖ ЕС № L 240 от 24.08.1992, С. 8; Г/Ш/М, Евр. ВП, В I 1.15)

→ *Flughafen* (dt.)

→ *airport* (engl.)

→ *aéroport* (frz.)

• Аэропорт Сообщества

Любой аэропорт на территории, где действуют таможенные правила Сообщества.

(ОЖ ЕС № L 374 от 31.12.1990, С. 4; Г/Ш/М, Евр. ВП, В IV 1.4)

→ *Gemeinschaftsflughafen* (dt.)

→ community *airport* (engl.)

A

• Координированный **аэропорт**

Аэропорт для которого назначен координатор в целях облегчения работы авиационных предприятий, которые в этом аэропорту осуществляют или намереваются осуществлять воздушные перевозки.

(ОЖ ЕС № L 14 от 22.01.1993, С. 1; Г/Ш/М, Евр. ВП, В I 1.15)

→ *koordinierter Flughafen* (dt.)

→ coordinated *airport* (engl.)

→ *aéroport* coordonné (frz.)

• Полностью координированный **аэропорт**

Координированный аэропорт, в котором во время его полной координации авиационное предприятие для взлета и посадки нуждается в предоставляемом координатором временном интервале (слоте).

(ОЖ ЕС № L 14 от 22.01.1993, С. 1; Г/Ш/М, Евр. ВП, В I 1.19)

→ *vollständig koordinierter Flughafen* (dt.)

→ *fully coordinated airport* (engl.)

→ *aéroport entièrement coordonné* (frz.)

• Международный **аэропорт** Сообщества

Любой аэропорт в границах Сообщества, с которого по разрешению соответствующих ведомств может осуществляться воздушное сообщение с третьими странами.

(ОЖ ЕС № L 374 от 31.12.1990, С. 4; Г/Ш/М, Евр. ВП, В IV 1.4)

→ *internationaler Gemeinschaftsflughafen (dt.)*

→ international Community *airport* (engl.)

→ *aéroport* communautaire à caractère international (frz.)

• Региональный **аэропорт**

Аэропорт *категории 2 или 3 Приложения II. [этой Директивы]*

(ОЖ ЕС № L 374 31.12.1987, С. 19; Г/Ш/М, Евр. ВП, В I 1.7)

Любой аэропорт, кроме тех, которые перечислены в качестве аэропортов категории 1 в списке Приложения I.

(ОЖ ЕС № L 217 от 11.08.1990, С. 1; Г/Ш/М, Евр. ВП, В I 1.10)

→ *Regionalflughafen* (dt.)

→ regional *airport* (engl.)

→ *aéroport* régional (frz.)

A

• Система **аэропортов**

Два или более аэропортов, которые вместе находятся в ведении города, который они обслуживают.

(ОЖ ЕС № L 374 от 31.12.1987, С. 19; Г/Ш/М, Евр. ВП, В I 1.7)

Два или более аэропортов - *как указано в приложении II [смотри эту Директиву: условия, тарифов, зон скидок и сверхскидок]* - которые в качестве единого целого обслуживают один и тот же город.

(ОЖ ЕС № L 217 от 11.08.1990, С. 1; Г/Ш/М, Евр. ВП, В I 1.10)

Два или более аэропортов, которые совместно обслуживают один и тот же город.

(ОЖ ЕС № L 36 от 08.02.1991, С. 1; Г/Ш/М, Евр. ВП, В I 1.15)

Два или более взаимосвязанных между собой аэропортов, которые обслуживают один и тот же город или индустриальный район, как это указано в *приложении II Постановления (ЕЭС) № 2408/92.*

(ОЖ ЕС № L 14 от 22.01.1993, С. 1; Г/Ш/М, Евр. ВП, В I 1.19)

→ *Flughafensystem* (dt.)

→ *airport* system (engl.)

→ *système* aéroportuaire (frz.)

• Узловой **аэропорт**

Аэропорт в списке *приложения II (эмой Директивы)*, зачисленный в категорию 1.

(ОЖ ЕС № L 374 от 31.12.1987, С. 19; Г/Ш/М, Евр. ВП, В I 1.7)

→ *Knotenpunktflughafen* (dt.)

→ *hub airport* (engl.)

→ *aéroport* de première catégorie (frz.)

• **Багаж**

Любой предмет, который пассажир во время путешествия провозит с собой любым способом.

(ОЖ ЕС № L 185 от 04.07.1992, С. 8; Г/Ш/М, Евр. ВП, В IV 2.3)

→ *Gepäck* (dt.)

→ *baggage* (engl.)

→ *bagages* (frz.)

• Сданный **багаж**

Багаж, который недоступен пассажиру после его оформления в аэропорту вылета ни во время рейса, ни при возможной промежуточной посадке в смысле *статьи 3, номер 1 и 2, и статьи 5, номер 1 и 2, главного постановления. [смотри мостановление (ЕЭС) № 3925/91 в Г/Ш/М, Евр. ВП, В IV 1.4]*

Б

(ОЖ ЕС № L 185 от 04.07.1992, С. 8; Г/Ш/М, Евр. ВП, В IV 2.3)

→ *aufgegebenes Gepäck* (dt.)

→ hold *baggage* (engl.)

→ *bagages* de soute (frz.)

• Ручная кладь **(багаж)**

Багаж, который пассажир берет с собой в кабину воздушного судна.

(ОЖ ЕС № L 185 от 04.07.1992, С. 8; Г/Ш/М, Евр. ВП, В IV 2.3)

→ *Handgepäck* (dt.)

→ cabin *baggage* (engl.)

→ *bagages* à main (frz.)

• Компьютерная система **бронирования**

Компьютерная система, которая помимо прочего располагает следующей информацией:

– расписания полетов,

– имеющиеся свободные места,

– цены полета и

– родственные услуги

авиационных предприятий и при случае дает возможность

– осуществления бронирования или

– выдачи авиационных билетов,

если абонентным пользователям предоставляется возможность пользоваться некоторыми или всеми услугами этой системы.

(ОЖ ЕС № L 220 от 29.07.1989, С. 1; Г/Ш/М, Евр. ВП, В I 1.8)

Система, которая дает информацию о расписаниях полетов, имеющихся свободных местах, а также о родственных услугах и с помощью которой может осуществляться бронирование мест или выдача авиационных билетов.

(ОЖ ЕС № L 239 от 30.08.1988, С. 13; Г/Ш/М, Евр. ВП, В I 2.2)

Система, которая дает информацию о расписаниях полетов, тарифах, имеющихся свободных местах, а также о родственных услугах авиационных предприятий в регулярном или нерегулярном воздушном сообщении и с помощью которой может осуществляться бронирование мест или выдача авиационных билетов или то и другое, если абонентам предлагаются все эти услуги или только определенные.

Б

(ОЖ ЕС № L 10 от 15.01.1981, С. 9; Г/Ш/М, Евр. ВП, В I 2.6)

Автоматизированная система, которая, помимо прочего, содержит информацию авиационных предприятий о

– расписаниях полетов,

– наличии свободных мест,

– ценах авиационных билетов и

– связанных с этим услугах

и при наличии технических средств имеет возможность

– осуществления бронирования или

– выдачи авиационных билетов,

если абонентным пользователям предоставляются некоторые или все услуги этой системы.

(ОЖ ЕС № L 333 от 31.12.1993, С. 37; Г/Ш/М, Евр. ВП, В I 2.14)

→ *computergesteuertes Buchungssystem (CRS)* (dt.)

→ *computerized* reservation system (CRS) (engl.)

→ *système* informatisé de réservation (frz.)

• Подтвержденное **бронирование**

Проданный авиационным предприятием или лицензированным им бюро путешествий авиационный билет содержит следующие данные:

– номер, дату и время полета, а также

– отметку "ОК" или другую отметку в предусмотренном для этого в авиационном билете месте, на основании которого авиационное предприятие свидетельствует о том, что бронирование им произведено и формально подтверждено.

(ОЖ ЕС № L 36 от 08.02.1991, С. 5; Г/Ш/М, Евр. ВП, В I 1.13)

→ *bestätigte Buchung* (dt.)

→ *confirmed reservation* (engl.)

→ réservation confirmée (frz.)

• **Время** полета

Промежуток времени между запланированными временем вылета и временем прилета.

(ОЖ ЕС № L 220 от 29.07.1989, С. 1; Г/Ш/М, Евр. ВП, В I 1.8)

(ОЖ ЕС № L 333 от 31.12.1993, С. 37; Г/Ш/М, Евр. ВП, В I 2.14)

B

→ *Flugzeit* (dt.)

→ *elapsed* journey time (engl.)

→ *durée* totale du trajet (frz.)

• Нерабочее **время**

Любой промежуток времени вне рабочего времени.

(ОЖ ЕС № L 307 от 13.12.1993, С. 18; Г/Ш/М, Евр. ВП, В IV 1.6)

→ *Ruhezeit* (dt.)

→ *rest* period (engl.)

→ *période* de repos (frz.)

• Ночное **время**

Любой, зафиксированный в национальных правовых предписаниях промежуток времени не менее семи часов, который в любом случае приходится на время с 24 до 5 часов.

(ОЖ ЕС № L 307 от 13.12.1993, С. 18; Г/Ш/М, Евр. ВП, В IV 1.6)

→ *Nachtzeit* (dt.)

→ *night* time (engl.)

→ *periode* nocturne (frz.)

• Рабочее **время**

Любой промежуток времени, в течение которого работающий по найму выполняет свою работу в соответствии с национальными правовыми предписаниями и/или традициями, находится в распоряжении работодателя и осуществляет свою деятельность или выполняет свои задачи.

(ОЖ ЕС № L 307 от 13.12.1993, С. 18; Г/Ш/М, Евр. ВП, В IV 1.6)

→ *Arbeitszeit* (dt.)

→ *working time* (engl.)

→ *temps de travail* (frz.)

• Зона **гибкости**

Тарифная зона в соответствии со ст. 5, в рамках которой тарифы в регулярном воздушном сообщении, отвечающие условиям *приложения II [смотри эту Директиву: условия тарифов, зон скидок и сверхскидок]* могут автоматически направляться авиационным властям государств-участников на утверждение. Пороговые значения зоны выражаются в процентах по отношению к основному тарифу.

(ОЖ ЕС № L 374 от 31.12.1987, С. 12; Г/Ш/М, Евр. ВП, В I 1.6)

Тарифная зона в соответствии со ст. 4, *[этой Директвы]* в рамках которой тарифы в регулярном воздушном сообщении, отвечают условиям *приложения II*, могут автоматически направляться авиационным властям государств-участников на утверждение. Пороговые значения зоны выражаются в процентах по отношению к основному тарифу.

(ОЖ ЕС № L 217 от 11.08.1990, С. 1; Г/Ш/М, Евр. ВП, B I 1.9)

→ *Flexibilitätszone* (dt.)

→ *zone* of flexibility (engl.)

→ *zone* de flexibilité (frz.)

• **Государство** регистрации

Государство-член Сообщества, в котором выдан сертификат эксплуатанта, приводимый *поб буквой а) (этой Директтвы)*.

(ОЖ ЕС № L 217 от 11.08.1990, С. 1; Г/Ш/М, Евр. ВП, B I 1.10)

(ОЖ ЕС № L 240 от 24.08.1992, С. 8; Г/Ш/М, Евр. ВП, B I 1.15)

→ Registrierungsstaat (dt.)

→ State of Registration (engl.)

→ État d'enregistrement (frz.)

• **Государство** регистрации

Государство-член Сообщества, в котором выдается названный *под буквой а) [→ авиационое предприятие]* сертификат эксплуатанта.

(ОЖ ЕС № L 36 от 08.02.1991, С. 5; Г/Ш/М, Евр. ВП, В I 1.13)

→ Zulassungsstaat (dt.)

→ Subscriber (engl.)

→ état d'enregistrement (frz.)

• Затронутое **государство**-член Сообщества/затронутые государства-члены Сообщества

Это то или те затронутые государства-члены Сообщества или то или те государства-члены Сообщества, которые осуществляют воздушное сообщение и которому/-ым был выдан сертификат эксплуатанта.

(ОЖ ЕС № L 240 от 24.08.1992, С. 8; Г/Ш/М, Евр. ВП, В I 1.15)

Государство или государства-члены Сообщества, в котором/-ых или между которыми действует одна/одинаковая цена на авиационный билет или один/одинаковый тариф на авиагрузовую перевозку.

(ОЖ ЕС № L 240 от 24.08.1992, С. 15; Г/Ш/М, Евр. ВП, В I 1.16)

→ *betroffener Mitgliedsstaat/betroffene Mitgliedsstaaten* (dt.)

→ Member *State(s)* concerned (engl.)

→ *États* membres concernés (frz.)

Г

• Участвующее **государство**

Государство-член Сообщества, за исключением государства флага воздушного судна, в котором находятся аэропорты для регулярного воздушного сообщения между его регионами.

(ОЖ ЕС № L 237 от 26.08.1983, С. 19; Г/Ш/М, Евр. ВП, В I 1.1)

→ *beteiligter Staat* (dt.)
→ *State* affected (engl.)
→ *État* concerné (frz.)

• Участвующее **государство**-член Сообщества/участвующие государства-члены Сообщества

Это то или те затронутые государства-члены Сообщества или то или те государства-члены Сообщества, которые осуществляют воздушное сообщение и которому/-ым был выдан сертифкат эксплуатанта.

(ОЖ ЕС № L 240 от 24.08.1992, С. 8; Г/Ш/М, Евр. ВП, В I 1.15)

(ОЖ ЕС № L 240 от 24.08.1992, С. 15; Г/Ш/М, Евр. ВП, В I 1.16)

→ *beteiligter Mitgliedsstaat/beteiligte Mitgliedsstaaten* (dt.)
→ Member *State(s)* involved (engl.)
→ *États* membres impliqués (frz.)

• Участвующие **государства**

Государства-члены Сообщества, между которыми осуществляется данное регулярное воздушное сообщение.

(ОЖ ЕС № L 374 от 31.12.1987, С. 12; Г/Ш/М, Евр. ВП, В I 1.6)

(ОЖ ЕС № L 374 от 31.12.1987, С. 19; Г/Ш/М, Евр. ВП, В I 1.7)

Государства-члены Сообщества, между которыми осуществляется регулярное воздушное сообщение.

(ОЖ ЕС № L 217 от 11.08.1990, С. 1; Г/Ш/М, Евр. ВП, В I 1.9)

(ОЖ ЕС № L 217 от 11.08.1990, С. 1; Г/Ш/М, Евр. ВП, В I 1.10)

Государства-члены Сообщества, между которыми осуществляется авиагрузовое воздушное сообщение.

(ОЖ ЕС № L 36 от 08.02.1991, С. 5; Г/Ш/М, Евр. ВП, В I 1.13)

→ *beteiligte Staaten* (dt.)

→ *States* concerned (engl.)

→ *États* concernés (frz.)

Д

• Дистрибьютор

Предприятие, которому от продавца компьютерной системы выдано разрешение на то, чтобы предлагать своим потенциальным абонентам каналы сбыта.

(ОЖ ЕС № L 333 от 31.12.1993, С. 37; Г/Ш/М, Евр. ВП, В I 2.14)

Предприятие, которое получило от продавца компьютерной системы разрешение на то, чтобы предлагать своим потенциальным абонентам каналы сбыта.

(ОЖ ЕС № L 239 от 30.08.1988, С. 13; Г/Ш/М, Евр. ВП, В I 2.2)

(ОЖ ЕС № L 10 от 15.01.1981, С. 9; Г/Ш/М, Евр. ВП, В I 2.6)

→ *Vertreiber* (dt.)

→ *distributor* (engl.)

→ *distributeur* (frz.)

• Договор

Соглашение, связывающее потребителя с организатором и/или посредником.

(ОЖ ЕС № L 158 от 23.06.1990, С. 59; Г/Ш/М, Евр. ВП, В IV 1.2)

→ Vertrag (dt.)

→ *contract* (engl.)

→ *contrat* (frz.)

• Временный **интервал** (слот)

Время прибытия или отправления воздушного судна по расписанию, которое имеется или выделено для маневрирования воздушного судна в определенный день в аэропорту, координация которого осуществляется в соответствии с условиями данной Директивы.

(ОЖ ЕС № L 14 от 22.01.1993, С. 1; Г/Ш/М, Евр. ВП, В I 1.19)

→ *Zeitnische* (dt.)

→ *slot* (engl.)

→ *créneau* horaire (frz.)

• **Инцидент** во время полета

Событие, не являющееся несчастным случаем, которое связано с эксплуатацией воздушного судна и мешает или могло бы помешать его надежной эксплуатации.

(ОЖ ЕС № L 319 от 12.12.1994, С. 14; Г/Ш/М, Евр. ВП, В II 1.9)

→ *Störung* (dt.)

→ *incident* (engl.)

→ *incident* (frz.)

И, К

• Серьезный **инцидент**

Инцидент, обстоятельства которого свидетельствуют о том, что произошел почти несчастный случай. Примеры серьезных инцидентов
перечислены в *Приложении [этой Директивы]*.

(ОЖ ЕС № L 319 от 12.12.1994, С. 14; Г/Ш/М, Евр.
ВП, В II 1.9)

→ *schwere Störung* (dt.)

→ serious *incident* (engl.)

→ *incident* grave (frz.)

• **Канал(ы)** сбыта

Предложение, сделанное абоненту продавцом
компьютерной системы, на приобретение
информационного табло, где выведены рас-
писание полетов, тарифы, данные о наличии
свободных мест, а также предложение на
организацию бронирования или выдачи
авиабилетов или на то и другое вместе, а также
на предоставление других родственных им услуг.

(ОЖ ЕС № L 10 от 15.01.1981, С. 9; Г/Ш/М, Евр.
ВП, В I 2.6)

Те предложения, которые делает продавец
компьютерной системы для предоставления
информации о расписаниях полетов, наличии
свободных мест, тарифах и родственных услугах,

предлагаемых авиационными предприятиями, а также в отношении бронирования и/или выдачи авиабилетов и организации других родственных им услуг.

(ОЖ ЕС № L 220 от 29.07.1989, С. 1; Г/Ш/М, Евр. ВП, В I 1.8)

Те предложения, которые абоненты получают от продавца компьютерной системы для предоставления информации о расписаниях полетов, наличии свободных мест, тарифах и родственных услугах, предлагаемых авиационными предприятиями, а также в отношении бронирования и/или выдачи авиабилетов и организации других родственных им услуг.

(ОЖ ЕС № L 239 от 30.08.1988, С. 13; Г/Ш/М, Евр. ВП, В I 2.2)

→ *Vertriebsmöglichkeiten* (dt.)

→ *distribution* facilities (engl.)

→ *fonctionnalités* de distribution
   moyens de distribution (frz.)

• Фактический **контроль**

Отношение, которое основывается на правах, договорах или других средствах, которые отдельно или в совокупности и с учетом реальных или правовых обстоятельств дают возможность прямо или косвенно осуществлять определяющее влияние на предприятие, главным образом, за счет:

– права пользования всем имуществом предприятия или частью имущества,

– прав и договоров, которые обеспечивают оказание определяющего влияния на состав, на ситуацию при голосовании или на решения органов предприятия или оказание определяющего влияния на ведение коммерческих операций предприятия, пользуясь иными средствами.

(ОЖ ЕС № L 220 от 29.07.1989, С. 1; Г/Ш/М, Евр. ВП, В I 1.8)

(ОЖ ЕС № L 240 от 24.08.1992, С. 1; Г/Ш/М, Евр. ВП, В II 1.8)

Отношение, которое основывается на правах, договорах или других средствах, которые отдельно или в совокупности и с учетом реальных или правовых обстоятельств дают возможность прямо или косвенно осуществлять определяющее влияние на предприятие, главным образом, за счет:

– права пользования всем имуществом предприятия или частью имущества,

– прав и договоров, которые обеспечивают оказание определяющего влияния на состав, на ситуацию при голосовании или на решения органов предприятия или оказание определяющего влияния на ведение коммерческих операций предприятия.

(ОЖ ЕС № L 333 от 31.12.1993, С. 37; Г/Ш/М, Евр. ВП, В I 2.14)

→ tatsächliche *Kontrolle* (dt.)

→ effective *control* (engl.)

→ *contrôle* effectif (frz.)

• **Место** назначения

Место назначения, указанное в предъявленном на стойке регистрации билете или, в случае ряда полетов, следующих один за другим, место назначения, указанное в последнем купоне авиационного билета. Не учитываются стыковочные полеты, на которые, несмотря на опоздание из-за невыполнения транспортных услуг, можно успеть без всяких затруднений.

(ОЖ ЕС № L 36 от 08.02.1991, С. 5; Г/Ш/М, Евр. ВП, В I 1.13)

→ *Endziel* (dt.)

→ *final* destination (engl.)

→ *déstination* finale (frz.)

• **Оборудование**

Инструмент, приспособление, механизм, прибор или принадлежность, который/-ое/-ая используется или должен/-но/-на быть использован/-но/-на для летной эксплуатации воздушного судна и который/-ое/-ая монтируется или должен/-но/-на быть смонтирован/-но/-на

на гражданском воздушном судне или который/
-ое/-ая устанавливается или же должен/-но/-на
быть установлен/-но/-на на гражданском
воздушном судне, не являясь однако частью
планера (или фюзеляжа) воздушного судна,
двигателя или воздушного винта.

(ОЖ ЕС № L 373 от 31.12.1991, С. 4; Г/Ш/М, Евр.
ВП, В II 1.6)

→ *Ausrüstung* (dt.)

→ *appliance* (engl.)

→ *équipement* (frz.)

• Дистрибьюторское **оборудование**

Это то оборудование, которое предоставляется
продавцом компьютерной системы для
распространения информации о расписаниях
полетов, о наличии мест, тарифах и родственных
услугах авиационных предприятий, а также для
осуществления бронирования и/или выдачи
авиабилетов, а также и для других видов
связанных с этим услуг.

(ОЖ ЕС № L 333 от 31.12.1993, С. 37; Г/Ш/М, Евр.
ВП, В I 2.14)

→ *Vertriebseinrichtungen* (dt.)

→ *distribution* facilities (engl.)

→ *fonctionnalités* de distribution (frz.)

• Техническое **обслуживание**

Всякая проверка, техобслуживание, изменение и ремонт в течение всего срока службы воздушного судна, которые необходимы для того, чтобы воздушное судно и впредь отвечало требованиям, предъявляемым сертифицированной конструкцией, и всегда обнаруживало высокий уровень безопасности; сюда относятся также и изменения, которые предписываются ведомствами, выступающими в соглашениях в качестве сторон *по букве „h" [→ соглашения]*, в соответствии с концепциями по обеспечению постоянной полетопригодности.

(ОЖ ЕС № L 373 от 31.12.1991, С. 4; Г/Ш/М, Евр. ВП, В II 1.6)

→ *Instandhaltung* (dt.)

→ *maintenance* (engl.)

→ *entretien* (frz.)

• **Обязанность** осуществления воздушных первозок, диктуемое общественным интересом

Обязанность авиационного предприятия на маршрутах, на обслуживание которых государство-член Сообщества выдало ему разрешение (лицензию) принимать все

O

необходимые меры для того, чтобы на этих маршрутах обеспечить воздушное сообщение, которое в отношении постоянства, регулярности, масштабов перевозки и соответствует твердым стандартам, которым бы авиационное предприятие не смогло ответить, если бы руководствовалось (в своей деятельности) чисто экономическими соображениями.

(ОЖ ЕС № L 217 от 11.08.1990, С. 1; Г/Ш/М, Евр. ВП, В I 1.10)

→ *Verpflichtung zur öffentlichen Dienstleistung* (dt.)

→ *public* service obligation (engl.)

→ *obligation* de service *public* (frz.)

• **Обязательство,** диктуемое общественным интересом

Обязательство, налагаемое на авиационное предприятие в отношении маршрутов, на обслуживание которых государство-член Сообщества выдало ему разрешение, по которому он обязан предпринимать все необходимое для того, чтобы воздушные перевозки по этим маршрутам соответствовали твердым стандартам, т. е. были постоянными, регулярными, отвечали требованиям пассажиро-емкости и ценообразования, соблюдение которых, исходя из чисто экономических соображений, было бы для авиационного предприятия мало вероятным.

(ОЖ ЕС № L 240 от 24.08.1992, С. 8; Г/Ш/М, Евр. ВП, В I 1.15)

→ Gemeinwirtschaftliche *Verpflichtung* (dt.)

→ public service *obligation* (engl.)

→ *obligation* de service public (frz.)

• **Организатор**

Лицо, которое не только от случая к случаю организует паушальные поездки, продает или предлагает их для продажи прямо или через посредника.

(ОЖ ЕС № L 158 от 23.06.1990, С. 59; Г/Ш/М, Евр. ВП, В IV 1.2)

→ *Veranstalter* (dt.)

→ *organizer* (engl.)

→ *organisateur* (frz.)

• Национальные **особенности**

Национальное предписание или урегулирование, введенное одним государством дополнительно или вместо Совместного авиационного правила.

(ОЖ ЕС № L 373 от 31.12.1991, С. 4; Г/Ш/М, Евр. ВП, В II 1.6)

O

→ *einzelstaatliche Abweichungen* (dt.)

→ *national variant* (engl.)

→ *variante nationale* (frz.)

• **Отказ** в предоставлении места на самолет

Отказ в перевозке, хотя авиапассажиры

– могут предъявить действительный авиабилет и

– подтвержденное для этого рейса бронирование и

– явились на регистрацию в указанное время и в соответствии с установленным порядком.

(ОЖ ЕС № L 36 от 08.02.1991, С. 5; Г/Ш/М, Евр. ВП, В I 1.13)

→ *Nichtbeförderung* (dt.)

→ *denied* boarding (engl.)

→ *refus* d'embarquement (frz.)

• Квалификационная **отметка**

Отметка в разрешении или в особом документе, по которой устанавливаются особые условия, права и ограничения, связанные с этим разрешением.

O, П

(ОЖ ЕС № L 373 от 31.12.1991, С. 21; Г/Ш/М, Евр. ВП, В II 1.5)

→ *Berechtigung* (dt.)

→ *rating* (engl.)

→ *qualification* (frz.)

• Добровольно отказывающийся от брони **пассажир**

Авиапассажир, который имеет

– действительный авиационный билет и

– подтвержденную бронь, а также

– своевременно является в аэропорт перед полетом и соблюдает прочие условия, и который, идя навстречу призыву/просьбе авиаперевозчика, отказывается от своей подтвержденной брони и получает за это соответствующую компенсацию.

(ОЖ ЕС № L 36 от 08.02.1991, С. 5; Г/Ш/М, Евр. ВП, В I 1.13)

→ *Freiwilliger* (dt.)

→ *volunteer* (engl.)

→ *volontaire* (frz.)

П

• Пассажиро-емкость

Выражается в количестве мест, предполагаемых для продажи любому лицу в рамках регулярного воздушного сообщения по определенному маршруту во время определенного периода времени.

(ОЖ ЕС № L 374 от 31.12.1987, С. 19; Г/Ш/М, Евр. ВП, В I 1.7)

Количество мест, предполагаемых для продажи любому лицу в рамках регулярного воздушного сообщения по определенному маршруту во время определенного периода времени.

(ОЖ ЕС № L 217 от 11.08.1990, С. 1; Г/Ш/М, Евр. ВП, В I 1.10)

Количество мест, предполагаемых для продажи любому лицу в рамках регулярного воздушного сообщения по определенному маршруту во время определенного периода времени.

(ОЖ ЕС № L 240 от 24.08.1992, С. 8; Г/Ш/М, Евр. ВП, В I 1.15)

→ *Kapazität* (dt.)

→ *capacity* (engl.)

→ *capacité* (frz.)

• Доля участия в **пассажиро-емкости**

Доля участия авиационных/-ого предприятий (-ия) государства-члена Сообщества, выраженная в процентах к общей пассажиро-емкости при установлении связи с другим государством-членом Сообщества на двусторонней основе, однако за исключением пассажиро-емкости, предлагаемой *по статье 6, часть 3*, или по *Директиве № 83/416/ЕЭС*, а также *по* предлагаемой авиационным предприятием пассажиро-емкости в рамках пятой свободы.

(ОЖ ЕС № L 374 от 31.12.1987, С. 19; Г/Ш/М, Евр. ВП, В I 1.7)

Рассчитанная в процентах доля участия авиационного предприятия государства-члена Сообщества в общей пассажиро-емкости при установлении связи с другим государством-членом Сообщества на двусторонней основе *по статье 11 [этой Директивы]*, однако за исключением пассажиро-емкости, предлагаемой в рамках воздушных сообщений по пятой свободе.

(ОЖ ЕС № L 217 от 11.08.1990, С. 1; Г/Ш/М, Евр. ВП, В I 1.10)

→ *Kapazitätsanteil* (dt.)

→ *capacity* share (engl.)

→ *quote-part* de capacité (frz.)

П

• Паушальная путевка

Это как минимум две заранее объединенные услуги, приводимые ниже, которые продаются или предлагаются к продаже по общей цене, если эти услуги распространяются на срок, превышающий 24 часа или включают одну ночевку:

а) перевозка,

б) проживание,

в) прочие туристические услуги, которые не являются родственными перевозке или проживанию услугами, удельный вес которых в общей услуге значителен.

Даже и тогда, если расчет производится отдельно за каждую услугу, предоставленную в рамках одной и той же паушальной путевки, ее организатор или посредник продолжает подчиняться правилам данной Директивы.

(ОЖ ЕС № L 158 от 23.06.1990, С. 59; Г/Ш/М, Евр. ВП, В IV 1.2)

→ *Pauschalreise* (dt.)

→ *package* (engl.)

→ *forfait* (frz.)

• Воздушные **перевозки**

Полет или ряд полетов для перевозки авиапассажиров, груза и/или почты в коммерческих целях.

(ОЖ ЕС № L 240 от 24.08.1992, С. 8; Г/Ш/М, Евр. ВП, В I 1.15)

(ОЖ ЕС № L 240 от 24.08.1992, С. 15; Г/Ш/М, Евр. ВП, В I 1.16)

→ *Flugdienst* (dt.)

→ *air service* (engl.)

→ *service aérien* (frz.)

• Прямые воздушные **перевозки**

Выполнение полетов на одном воздушном судне и под одним и тем же номером рейса между двумя аэропортами, включая промежуточные посадки.

(ОЖ ЕС № L 14 от 22.01.1993, С. 1; Г/Ш/М, Евр. ВП, В I 1.19)

→ *direkter Flugdienst* (dt.)

→ *air service* (engl.)

→ *service aérien* (frz.)

П

• Регулярные воздушные **перевозки**

Серия полетов, которые характеризуются всеми нижеперечисленными признаками:

– полет осуществляется воздушными судами в целях перевозки авиапассажиров или авиапассажиров и груза и/или почты за оплату, при этом на каждом рейсе имеются места, которые могут быть приобретены потребителем индивидуально (либо непосредственно на авиационном предприятии либо через уполномоченные им представительства);

– они соединяют два или более пунктов

1. или по официальному расписанию полетов, или

2. настолько регулярно или часто, что в этом прослеживается систематизм.

(ОЖ ЕС № L 220 от 29.07.1989, С. 1; Г/Ш/М, Евр. ВП, В I 1.8)

(ОЖ ЕС № L 333 от 31.12.1993, С. 37; Г/Ш/М, Евр. ВП, В I 2.14)

→ *planmäßiger Flugdienst* (dt.)

→ scheduled *air* service (engl.)

→ *service* aérien régulier (frz.)

• Летный авиационный **персонал**

Лица, имеющие разрешение на выполнение важных функций по управлению воздушного судна во время полета, т. е. пилоты, штурманы и бортинженеры.

(ОЖ ЕС № L 373 от 31.12.1991, С. 21; Г/Ш/М, Евр. ВП, В II 1.5)

→ *Luftfahrtpersonal* (dt.)

→ *cockpit* personnel (engl.)

→ *personnel* navigant technique (frz.)

• Хозяйственный **план**

Подробное описание коммерческой деятельности, планируемой авиационным предприятием на соответствующий период, и, в первую очередь, в отношении развития рынка и возможных капиталовложений с учетом их финансовых и хозяйственных последствий.

(ОЖ ЕС № L 240 от 24.08.1992, С. 1; Г/Ш/М, Евр. ВП, В II 1.8)

→ *Wirtschaftsplan* (dt.)

→ business plan (engl.)

→ *plan* d'entreprise (frz.)

П

• **Подсчет** доходов

Детальная ведомость доходов и расходов за соответствующий период с разбивкой на виды деятельности, специфические для авиационного транспорта, и другие виды деятельности, а также с разбивкой на финансовые и нефинансовые аспекты.

(ОЖ ЕС № L 240 от 24.08.1992, С. 1; Г/Ш/М, Евр. ВП, В II 1.8)

→ *Ertragsrechnung* (dt.)

→ *management* account (engl.)

→ *compte* de gestion (frz.)

• Официальное **подтверждение**

Специальное заявление государства-члена Сообщества о том, что летное свидетельство пилота, выданное другим государством-членом Сообщества имеет ту же силу, что и свидетельство, выданное им самим.

(ОЖ ЕС № L 373 от 31.12.1991, С. 21; Г/Ш/М, Евр. ВП, В II 1.5)

→ *Gültigerklärung* (dt.)

→ *validation* (engl.)

→ *validation* (frz.)

• Полет

Вылет из определенного аэропорта в определенный пункт назначения.

(ОЖ ЕС № L 374 от 31.12.1987, С. 12; Г/Ш/М, Евр. ВП, В I 1.6)

(ОЖ ЕС № L 374 от 31.12.1987, С. 19; Г/Ш/М, Евр. ВП, В I 1.7)

Вылет из определенного аэропорта в определенный аэропорт назначения.

(ОЖ ЕС № L 217 от 11.08.1990, С. 1; Г/Ш/М, Евр. ВП, В I 1.9)

(ОЖ ЕС № L 217 от 11.08.1990, С. 1; Г/Ш/М, Евр. ВП, В I 1.10)

(ОЖ ЕС № L 240 от 24.08.1992, С. 8; Г/Ш/М, Евр. ВП, В I 1.15)

→ *Flug* (dt.)

→ *flight* (engl.)

→ *vol* (frz.)

• Полет в рамках Сообщества

Полет между двумя аэропортами Сообщества без промежуточной посадки, начало и окончание которого имеет место не в аэропортах, находящихся вне Сообщества.

П

(ОЖ ЕС № L 374 от 31.12.1990, С. 4; Г/Ш/М, Евр. ВП, В IV 1.4)

→ *Innergemeinschaftlicher Flug* (dt.)

→ intra-community *flight* (engl.)

→ *vol* intracommunautaire (frz.)

• Регулярный **полет**

Полет, характеризующийся всеми нижеперечисленными признаками:

– он осуществляется воздушными судами в целях коммерческой перевозки авиапассажиров или авиапассажиров и груза и/или почты, при этом места предлагаются в свободной продаже непосредственно авиационным предприятием или уполномоченными им агенствами, и

– он служит для транспортной связи между двумя или более пунктами согласно официальному расписанию или за счет организации регулярных или частых полетов, явно свидетельствующих о их систематичности.

(ОЖ ЕС № L 36 от 08.02.1991, С. 5; Г/Ш/М, Евр. ВП, В I 1.13)

→ *Linienflug* (dt.)

→ scheduled *flight* (engl.)

→ *vol* régulier (frz.)

• **Положения,** подвергаемые злоупотреблениям

Положения договоров, определенные в *статье 3 [этой Директивы]*.

(ОЖ ЕС № L 95 от 21.04.1993, С. 29; Г/Ш/М, Евр. ВП, B IV 1.5)

→ *mißbräuchliche Klauseln* (dt.)

→ unfair *terms* (engl.)

→ *aéroport communautaire* (frz.)

• **Порт** Сообщества

Любой порт на территории, где действуют таможенные правила Сообщества.

(ОЖ ЕС № L 374 от 31.12.1990, С. 4; Г/Ш/М, Евр. ВП, B IV 1.4)

→ *Gemeinschaftshafen* (dt.)

→ community *airport* (engl.)

→ *aéroport communautaire* (frz.)

• **Посредник**

Лицо, продающее или предлагающее на продажу паушальную путевку, подготовленную организатором.

П

(ОЖ ЕС № L 158 от 23.06.1990, С. 59; Г/Ш/М, Евр. ВП, В IV 1.2)

→ *Vermittler* (dt.)

→ *retailer* (engl.)

→ *détaillant* (frz.)

• Потребитель

Лицо, желающее получить информацию об авиатранспортной услуге и/или намеревающееся воспользоваться ей.

(ОЖ ЕС № L 220 от 29.07.1989, С. 1; Г/Ш/М, Евр. ВП, В I 1.8)

(ОЖ ЕС № L 333 от 31.12.1993, С. 37; Г/Ш/М, Евр. ВП, В I 2.14)

Лицо, которое бронирует или обязуется бронировать паушальную поездку ("главный контрагент"), или любое лицо, от чьего имени главный контрагент обязуется бронировать паушальную поездку („прочие бенефициары"), или любое другое лицо, которому главный контрагент или один из прочих бенефициаров уступает паушальную поездку („покупатель").

(ОЖ ЕС № L 158 от 23.06.1990, С. 59; Г/Ш/М, Евр. ВП, В IV 1.2)

Физическое лицо, которое в договорах, подпадающих под эту Директиву, действует в целях, которые не могут быть отнесены к коммерческой или профессиональной деятельности данного лица.

(ОЖ ЕС № L 95 от 21.04.1993, С. 29; Г/Ш/М, Евр. ВП, В IV 1.5)

→ Verbraucher (dt.)

→ *consumer* (engl.)

→ *consommateur* (frz.)

• **Право** на осуществление перевозок

Право авиационного предприятия перевозить авиапассажиров, груз и/или почту в рамках воздушного сообщения между двумя аэропортами Сообщества.

(ОЖ ЕС № L 240 от 24.08.1992, С. 8; Г/Ш/М, Евр. ВП, В I 1.15)

→ *Verkehrsrecht* (dt.)

→ *traffic* right (engl.)

→ *droit* de trafic (frz.)

П

• **Право** на осуществление перевозок по третьей свободе

Право сертифицированного в одном государстве авиатранспортного предприятия, взяв там на борт пассажиров, груз и почту, высадить их в другом государстве.

(ОЖ ЕС № L 217 от 11.08.1990, С. 1; Г/Ш/М, Евр. ВП, В I 1.9)

(ОЖ ЕС № L 217 от 11.08.1990, С. 1; Г/Ш/М, Евр. ВП, В I 1.10)

Право сертифицированного в государстве авиапредприятия брать на борт пассажиров, груз и почту в том государстве, где оно сертифицировано и высаживать их в другом государстве.

(ОЖ ЕС № L 36 от 08.02.1991, С. 1; Г/Ш/М, Евр. ВП, В I 1.12)

→ *Verkehrsrecht der dritten Freiheit* (dt.)

→ third-freedom *traffic* right (engl.)

→ droit de trafic de troisième liberté (frz.)

• **Право** на осуществление перевозок по четвертой свободе

Право сертифицированного в одном государстве авиатранспортного предприятия брать на борт в другом государстве пассажиров, груз и почту с целью их доставки в то государство, где оно серифицировано.

(ОЖ ЕС № L 217 от 11.08.1990, С. 1; Г/Ш/М, Евр. ВП, В I 1.9)

(ОЖ ЕС № L 217 от 11.08.1990, С. 1; Г/Ш/М, Евр. ВП, В I 1.10)

Право сертифицированного в одном государстве авиационного предприятия брать на борт в другом государстве пассажиров, груз и почту и доставлять их в то государство, где оно сертифицировано.

(ОЖ ЕС № L 36 от 08.02.1991, С. 1; Г/Ш/М, Евр. ВП, В I 1.12)

→ *Verkehrsrecht der vierten Freiheit* (dt.)

→ fourth-freedom *traffic* right (engl.)

→ *droit* de trafic de quatrième liberté (frz.)

• **Право** на осуществление перевозок по пятой свободе

Право авиатранспортного предприятия осуществлять перевозку пассажиров, груза и почты в рамках воздушного сообщения между двумя государствами, в которых оно не было сертифицировано.

П

(ОЖ ЕС № L 217 от 11.08.1990, С. 1; Г/Ш/М, Евр. ВП, В I 1.9)

(ОЖ ЕС № L 217 от 11.08.1990, С. 1; Г/Ш/М, Евр. ВП, В I 1.10)

Право авиационного предприятия осуществлять перевозку пассажиров, груза и почты в рамках воздушного сообщения между двумя государствами, в которых оно не было сертифицировано.

(ОЖ ЕС № L 36 от 08.02.1991, С. 1; Г/Ш/М, Евр. ВП, В I 1.12)

→ *Verkehrsrecht der fünften Freiheit* (dt.)

→ fifth-freedom *traffic* right (engl.)

→ *droit* de trafic de cinquième liberté (frz.)

• Мелкий **предприниматель**

Физическое или юридическое лицо, которое при наличии договоров, подходящих под действие данной Директивы, действует в рамках своей промысловой или профессиональной деятельности, даже и тогда, если последняя попадает в разряд публично-правовой деятельности.

(ОЖ ЕС № L 95 от 21.04.1993, С. 29; Г/Ш/М, Евр. ВП, В IV 1.5)

→ *Gewerbetreibender* (dt.)

→ *seller, supplier* (engl.)

→ *professionnel* (frz.)

• **Предприятие**

→ *Unternehmen* (dt.)

→ *undertaking* (engl.)

→ *entreprise* (frz.)

• Авиационное **предприятие**

Предприятие с действительным сертификатом эксплуатанта для обслуживания авиалиний.

(ОЖ ЕС № L 374 от 31.12.1987, С. 12; Г/Ш/М, Евр. ВП, В I 1.6)

(ОЖ ЕС № L 374 от 31.12.1987, С. 19; Г/Ш/М, Евр. ВП, В I 1.7)

Авиационное транспортное предприятие с действительным сертификатом эксплуатанта.

(ОЖ ЕС № L 240 от 24.08.1992, С. 15; Г/Ш/М, Евр. ВП, В I 1.16)

Авиатранспортное предприятие с действующей лицензией на эксплуатацию воздушных судов.

П

(ОЖ ЕС № L 240 от 24.08.1992, С. 1; Г/Ш/М, Евр. ВП, В II 1.8)

→ *Luftfahrtunternehmen* (dt.)

→ *air* carrier (engl.)

→ *transporteur* aérien (frz.)

• Авиационное **предприятие**

Авиационное предприятие, главное управление и главный юридический адрес которого находятся и будут находиться в границах Сообщества, и которое является или будет являться преимущественно собственностью государств-членов Сообщества и/или граждан государств-членов Сообщества, а также действительно находится и будет находиться под контролем этих государств или их граждан, или авиационное предприятие, которое в момент опубликования этого Постановления, хотя и не соответствует *формулировке под цифрой „i")* [абзац 1 этого определения], однако

А. главное управление и главный юридический адрес которого находятся в рамках Сообщества, и которое в последние 12 месяцев перед опубликованием этого Постановления поддерживало регулярное воздушное сообщение или осуществляло чартерные рейсы в рамках Сообщества, или

Б. которое в течение 12 месяцев перед опубликованием этого Постановления поддерживало регулярное воздушное сообщение между государствами-членами Сообщества на основе транспортного права по третьей или четвертой свободе.

Авиационные предприятия, которые имеют вышеперечисленые признаки, приводятся *в приложении Б [этой директивы]*.

(ОЖ ЕС № L 237 от 26.08.1983, C. 19; Г/Ш/М, Евр. ВП, B I 1.1)

Предприятие с действительным сертификатом эксплуатанта на регулярных полетах, который выдан государством-членом Сообщества.

(ОЖ ЕС № L 217 от 11.08.1990, C. 1; Г/Ш/М, Евр. ВП, B I 1.9)

(ОЖ ЕС № L 217 от 11.08.1990, C. 1; Г/Ш/М, Евр. ВП, B I 1.10)

→ *Luftverkehrsunternehmen* (dt.)

→ *air* carrier (engl.)

→ *compagnie* aérienne (frz.

• Авиационное **предприятие** Сообщества

Авиационное предприятие, главное управление и главный юридический адрес которого находятся и будут находиться в границах Сообщества, и которое является или будет являться преимущественно собственностью государств-членов Сообщества и/или граждан государств-членов Сообщества, а также действительно находится и будет находиться под контролем этих государств или их граждан, или

Авиационное предприятие, которое в момент опубликования этого Постановления, хотя и не соответствует *формулировке под цифрой „i")* *[смотри эту Директиву, ст. 2 б) → Регулярное* *воздушное сообщение],* однако

1. главное управление и главный юридический адрес которого находятся в рамках Сообщества, и которое в последние 12 месяцев перед опубликованием этого Постановления поддерживало регулярное воздушное сообщение или осуществляло чартерные рейсы в рамках Сообщества, или

2. которое в течение 12 месяцев перед опубликованием этого Постановления поддерживало регулярное воздушное сообщение между государствами-членами Сообщества на основе транспортного права по третьей или четвертой свободе.

Авиационные предприятия, которые соответствуют названным под этой цифрой ii) критериям, перечислены в приложении I.

(ОЖ ЕС № L 217 от 11.08.1990, С. 1; Г/Ш/М, Евр. ВП, В I 1.9)

(ОЖ ЕС № L 217 от 11.08.1990, С. 1; Г/Ш/М, Евр. ВП, В I 1.10)

→ Gemeinschafts-Luftverkehrsunternehmen (dt.)

→ Community *air carrier* (engl.)

→ *transporteur aérien* communautaire (frz.)

• Авиационное **предприятие** Сообщества

Авиационное предприятие, главное управление и главный юридический адрес которого находятся и будут находиться в границах Сообщества, и которое является или будет являться преимущественно собственностью государств-членов Сообщества и/или граждан государств-членов Сообщества, а также действительно находится и будет находиться под контролем этих государств или их граждан, или

Авиационное предприятие, которое в момент опубликования этого Постановления, хотя и не соответствует *формулировке под цифрой „i")* *[абзац 1 этого определения],* однако

А. главное управление и главный юридический адрес которого находятся в рамках Сообщества, и которое в последние 12 месяцев перед опубликованием этого Постановления поддерживало регулярное воздушное сообщение или осуществляло чартерные рейсы в рамках Сообщества, или

Б. которое в течение 12 месяцев перед опубликованием этого Постановления поддерживало регулярное воздушное сообщение между государствами-членами Сообщества на основе транспортного права по третьей или четвертой свободе.

Авиационные предприятия, которые соответствуют названным критериям, перечислены в *приложении I [этой Директивы]*.

(ОЖ ЕС № L 374 от 31.12.1987, С. 12; Г/Ш/М, Евр. ВП, В I 1.6)

(ОЖ ЕС № L 374 от 31.12.1987, С. 19; Г/Ш/М, Евр. ВП, В I 1.7)

Авиационное предприятие с действительным сертификатом эксплуатанта, которое было выдано государством-членом Сообщества в соответствии с Постановлением (ЕЭС) № 2407/92 Совета от 23 июля 1992 года о выдачи авиационным предприятиям сертификата эксплуатанта.

(ОЖ ЕС № L 240 от 24.08.1992, С. 8; Г/Ш/М, Евр. ВП, В I 1.15)

Авиационное предприятие с действительным сертификатом, выданным государством-членом Сообщества в соответствии с Постановлением (ЕЭС) № 2407/92 Совета от 23 июля 1992 года о выдаче аваипредприятиям сертификата эксплуатанта.

(ОЖ ЕС № L 240 от 24.08.1992, С. 15; Г/Ш/М, Евр. ВП, В I 1.16)

(ОЖ ЕС № L 14 от 22.01.1993, С. 1; Г/Ш/М, Евр. ВП, В I 1.19)

→ *Luftfahrtunternehmen der Gemeinschaft* (dt.)

→ Community *air* carrier (engl.)

→ *transporteur* aérien communautaire (frz.)

• Авиационное **предприятие** третьей свободы

Предприятие, имеющее право брать на борт воздушного судна пассажиров, груз и почту в том государстве, в котором оно зарегистрировано и доставлять их в другое государство.

(ОЖ ЕС № L 374 от 31.12.1987, С. 12; Г/Ш/М, Евр. ВП, В I 1.6)

(ОЖ ЕС № L 374 от 31.12.1987, С. 19; Г/Ш/М, Евр. ВП, В I 1.7)

Авиатранспортное предприятие с действительным сертификатом эксплуатанта.

(ОЖ ЕС № L 240 от 24.08.1992, С. 8; Г/Ш/М, Евр. ВП, В I 1.15)

→ *Luftfahrtunternehmen der dritten Freiheit* (dt.)

→ third freedom *air* carrier (engl.)

→ *transporteur* aérien de troisième liberté (frz.)

П

• Авиационное **предприятие** четвертой свободы

Предприятие, имеющее право брать на борт воздушного судна пассажиров, груз и почту в другом государстве с целью доставки их в то государство, в котором оно зарегистрировано.

(ОЖ ЕС № L 374 от 31.12.1987, С. 12; Г/Ш/М, Евр. ВП, В I 1.6)

(ОЖ ЕС № L 374 от 31.12.1987, С. 19; Г/Ш/М, Евр. ВП, В I 1.7)

→ *Luftfahrtunternehmen der vierten Freiheit* (dt.)

→ fourth-freedom *air* carrier (engl.)

→ *transporteur* aérien de quatrième liberté (frz.)

• Авиационное **предприятие** пятой свободы

Предприятие, имеющее право осуществлять коммерческие перевозки пассажиров, груза и почты между двумя государствами, в которых оно не зарегистрировано.

(ОЖ ЕС № L 374 от 31.12.1987, С. 12; Г/Ш/М, Евр. ВП, В I 1.6)

(ОЖ ЕС № L 374 от 31.12.1987, С. 19; Г/Ш/М, Евр. ВП, В I 1.7)

→ *Luftfahrtunternehmen der fünften Freiheit* (dt.)

→ fifth-freedom *air* carrier (engl.)

→ *transporteur* aérien de cinquième liberté (frz.)

• Авиационное **предприятие** для перевозки грузов

Авиационное предприятие с выданным государством-членом Сообщества действительным сертификатом эксплуатанта, распространяющегося как минимум на осуществление грузовых авиаперевозок.

(ОЖ ЕС № L 36 от 08.02.1991, С. 1; Г/Ш/М, Евр. ВП, В I 1.12)

→ *Luftfrachtunternehmen* (dt.)

→ *air* cargo services (engl.)

→ *transporteur* aérien de fret;
   transporteur de fret aérien (frz.)

• Авиационное **предприятие** Сообщества для перевозки грузов

Авиационное предприятие, главное управление и центр хозяйственной деятельности которого постоянно находятся в Сообществе, - оно преимущественно находится в собственности государств-членов Сообщества и/или граждан государств-членов Сообщества и действительно контролируется этими государствами или их гражданами.

П

(ОЖ ЕС № L 36 от 08.02.1991, С. 1; Г/Ш/М, Евр. ВП, В I 1.12)

→ *Luftfrachtunternehmen* der Gemeinschaft(dt.)

→ *Community air carrier* (engl.)

→ *transporteur* aérien communautaire (frz.)

• Головное авиационное **предприятие**

Авиационное предприятие, которое прямо или косвенно является единственным или коллективным собственником продавца компьютерной системы или его котнролером, а также авиационное предприятие, которое принадлежит головному авиационному предприятию или действительно контролируется последним.

(ОЖ ЕС № L 220 от 29.07.1989, С. 1; Г/Ш/М, Евр. ВП, В I 1.8)

Авиационное предприятие, которое либо само продает компьютерную систему, либо прямо или косвенно, выступая единственным или коллективным собственником продавца компьютерной системы, контролирует последнего.

(ОЖ ЕС № L 239 от 30.08.1988, С. 13; Г/Ш/М, Евр. ВП, В I 2.2)

(ОЖ ЕС № L 10 от 15.01.1981, С. 9; Г/Ш/М, Евр. ВП, В I 2.6)

Авиационное предприятие, которое косвенно является единственным или коллективным собственником продавца компьютерной системы или его котнролером, а также авиационное предприятие, которое принадлежит головному авиационному предприятию или действительно контролируется последним.

(ОЖ ЕС № L 333 от 31.12.1993, С. 37; Г/Ш/М, Евр. ВП, В I 2.14)

→ *Mutterluftfahrtunternehmen* (dt.)

→ *parent* carrier (engl.)

→ *transporteur* associé (frz.)

• Участвующее авиационное **предприятие**

Авиационное предприятие, которое заключило с продавцом компьютерной системы соглашение о предложении авиатранспортных услуг на базе компьютерной системы бронирования авиационных билетов. Поскольку головное авиационное предприятие использует действующие в рамках этого Постановления возможности своей собственной компьютерной системы бронирования авиационных билетов, оно считается участвующим авиационным предприятием.

(ОЖ ЕС № L 220 от 29.07.1989, С. 1; Г/Ш/М, Евр. ВП, В I 1.8)

Авиационное предприятие, которое в целях продажи авиатранспортных услуг (любому лицу) заключило с продавцом компьютерной системы соглашение о размещении на информационных табло своих расписаний полетов, тарифов и/или информации о наличии мест или о возможности бронирования авиационных билетов или оформления авиационных билетов головным авиационным предприятием, считается участвующим предприятием.

(ОЖ ЕС № L 239 от 30.08.1988, С. 13; Г/Ш/М, Евр. ВП, В I 2.2)

Авиационное предприятие, которое заключило с продавцом компьютерной системы соглашение о предложении авиатранспортных услуг на базе компьютерной системы бронирования авиационных билетов. Поскольку головное авиационное предприятие использует возможности своей собственной компьютерной системы бронирования авиационных билетов, оно считается участвующим авиационным предприятием.

(ОЖ ЕС № L 10 от 15.01.1981, С. 9; Г/Ш/М, Евр. ВП, В I 2.6)

Авиационное предприятие, которое заключило с продавцом компьютерной системы соглашение о предложении авиатранспортных услуг на базе компьютерной системы бронирования авиационных билетов.

Головное авиационное предприятие, которое использует возможности своей собственной компьютерной системы бронирования авиационных билетов в соответствии с предписаниями этого Постановления, считается участвующим авиационным предприятием.

(ОЖ ЕС № L 333 от 31.12.1993, С. 37; Г/Ш/М, Евр. ВП, В I 2.14)

→ *teilnehmendes Luftfahrtunternehmen* (dt.)

→ participating *carrier* (engl.)

→ *transporteur* participant (frz.)

- • Назначение нескольких авиационных **предприятий** между государствами на двусторонней основе

Назначение государством-членом Сообщества у себя в стране двух или нескольких авиационных предприятий на обслуживание регулярных полетов между своей суверенной территорией и суверенной территорией другого государства-члена Сообщества.

(ОЖ ЕС № L 374 от 31.12.1987, С. 19; Г/Ш/М, Евр. ВП, В I 1.7)

Назначение государством-регистратором двух или нескольких допущенных им авиатранспортных предприятий в целях осуществления регулярных полетов между суверенной территорией данного государства и территорией другого государства-члена Сообщества.

(ОЖ ЕС № L 217 от 11.08.1990, С. 1; Г/Ш/М, Евр. ВП, В I 1.10)

→ *Mehrfachnennung auf der Grundlage von Länderpaaren* (dt.)

→ *multiple* designation on a country-pair basis (engl.)

→ désignation multiple sur la base d'une pair de pays (frz.)

- ## Назначение нескольких авиационных **предприятий** между городами на двусторонней основе

Назначение государством-членом Сообщества у себя в стране двух или нескольких авиационных предприятий на обслуживание регулярных полетов между аэропортом или системой аэропортов на своей суверенной территории и аэропортом или системой аэропортов на суверенной территории другого государства-члена Сообщества.

(ОЖ ЕС № L 374 от 31.12.1987, С. 19; Г/Ш/М, Евр. ВП, В I 1.7)

Назначение государством-регистратором двух или нескольких допущенных им авиатранспортных предприятий в целях осуществления регулярных полетов между аэропортом или системой аэропортов на своей суверенной территории и аэропортом или системой аэропортов на суверенной территории другого государства-члена Сообщества.

П

(ОЖ ЕС № L 217 от 11.08.1990, С. 1; Г/Ш/М, Евр. ВП, В I 1.10)

→ *Mehrfachnennung auf der Grundlage von Städte-paaren* (dt.)

→ *multiple* designation on an city-pair basis (engl.)

→ *désignation* multiple sur la base de paires de villes (frz.)

• Новый **претендент**

Авиационное предприятие, которое запрашивает временные интервалы (слоты) в каком-либо аэропорту на какой-либо день и который в этом аэропорту имеет и получил менее четырех временных интервалов (слотов) на этот день, или авиационное предприятие, запрашивающее временные интервалы (слоты) для беспосадочного воздушного сообщения между двумя аэропортами Сообщества, где в этот день между этими аэропортами или системами аэропортов прямое сообщение организует не более двух других авиационных предприятий; и где данное авиационное предприятие на организацию своего воздушного сообщения без промежуточной посадки имеет или получил не более четырех временных интервалов (слотов) в этом аэропорту, выделенных ему на этот день для беспосадочного воздушного сообщения.

Авиационное предприятие, которому принадлежит более трех процентов от общего числа временных интервалов (слотов), имеющихся в определенном аэропорту в определенные сутки, или более двух процентов от общего числа временных интервалов (слотов), имеющихся в сутки в системе аэропортов, в которую входит данный аэропорт, не считается в нем новым претендентом.

(ОЖ ЕС № L 14 от 22.01.1993, С. 1; Г/Ш/М, Евр. ВП, В I 1.19)

→ *Neubewerber* (dt.)

→ *new* entrant (engl.)

→ *nouvel* arrivant (frz.)

• **Признание** разрешений

Согласие на использование выданного государством-участником разрешения в соответствии со связанными с этим правами на борту воздушного судна, зарегистрированного другим государством-участником.

(ОЖ ЕС № L 373 от 31.12.1991, С. 21; Г/Ш/М, Евр. ВП, В II 1.5)

→ *Anerkennung* (dt.)

→ *recognition* (engl.)

→ *recognition; reconnaissance* (frz.)

→ *Anerkennung* von Erlaubnissen(dt.)

→ *acceptance of licences* (engl.)

→ *acceptation de licence* (frz.)

• **Причины**

Действия, бездействия, события и факты или стечение этих обстоятельств, которые привели к несчастному случаю или инциденту.

(ОЖ ЕС № L 319 от 12.12.1994, С. 14; Г/Ш/М, Евр. ВП, В II 1.9)

→ *Ursachen* (dt.)

→ *causes* (engl.)

→ *causes* (frz.)

• **Продавец** компьютерной системы

Предприятие или его дочерние предприятия, отвечающие за эксплуатацию или маркетинг компьютерной системы бронирования.

(ОЖ ЕС № L 220 от 29.07.1989, С. 1; Г/Ш/М, Евр. ВП, В I 1.8)

(ОЖ ЕС № L 10 от 15.01.1981, С. 9; Г/Ш/М, Евр. ВП, В I 2.6)

(ОЖ ЕС № L 333 от 31.12.1993, С. 37; Г/Ш/М, Евр. ВП, В I 2.14)

Предприятие, занимающееся эксплуатацией компьютерной системы бронирования.

(ОЖ ЕС № L 239 от 30.08.1988, С. 13; Г/Ш/М, Евр. ВП, В I 2.2)

П, Р

→ *Systemverkäufer* (dt.)

→ *system* vendor (engl.)

→ *vendeur* de sytème (frz.)

• Продукция

→ *Erzeugnis* (dt.)

→ *product* (engl.)

→ *produit* (frz.)

• Работа в смену

Любая форма организации труда, построенной по принципу непрерывности или организованной с перерывами, где члены рабочего коллектива работают по определенному графику, в том числе и по принципу замещения в определенной последовательности на тех же рабочих местах, при этом они должны выполнять свою работу в течение нескольких дней или недели в разное время суток.

(ОЖ ЕС № L 307 от 13.12.1993, С. 18; Г/Ш/М, Евр. ВП, В IV 1.6)

→ *Schichtarbeit* (dt.)

→ *shift* work (engl.)

→ *travail* posté (frz.)

• **Работающий** в смену

Любой сотрудник, работающий по сменному графику.

(ОЖ ЕС № L 307 от 13.12.1993, С. 18; Г/Ш/М, Евр. ВП, В IV 1.6)

→ *Schichtarbeiter* (dt.)

→ *shift* worker (engl.)

→ *travail* posté (frz.)

• **Работник** ночной смены

С одной стороны: любой работающий по найму, который в ночное время обычно отрабатывает не менее трех часов своего ежедневного рабочего времени;

с другой стороны: любой работающий по найму, который в случае необходимости в ночное время отрабатывает определенную часть своего годового рабочего времени, которую по своему выбору определяет соответствующее государство-член Сообщества:

по заслушиванию представителей организаций защиты социальных прав в национальных правовых предписаниях или

в тарифных соглашениях или соглашениях, заключенных между представителями организаций защиты социальных прав на национальном или региональном уровне.

P

(ОЖ ЕС № L 307 от 13.12.1993, С. 18; Г/Ш/М, Евр. ВП, В IV 1.6)

→ *Nachtarbeiter* (dt.)

→ *night* worker (engl.)

→ *travailleur* de nuit (frz.)

• **Разрешение**

Действительный документ, выданный одним государством-членом Сообщества и являющийся разрешением на осуществление авиационным персоналом деятельности на борту зарегистрированного в государстве-члене Сообщества гражданского воздушного судна. Такое определение понятия включает также полномочия, которые являются частью разрешения.

(ОЖ ЕС № L 373 от 31.12.1991, С. 21; Г/Ш/М, Евр. ВП, В II 1.5)

→ *Erlaubnis* (dt.)

→ *licence* (engl.)

→ *licence* (frz.)

• Смертельное **ранение**

Ранение, которое получено лицом в результате несчастного случая, и, которое в течение 30 дней после несчастного случая приводит к смерти.

(ОЖ ЕС № L 319 от 12.12.1994, С. 14; Г/Ш/М, Евр. ВП, В II 1.9)

→ *tödliche Verletzung* (dt.)

→ *fatal injury* (engl.)

→ *blessure mortelle* (frz.)

• Расследование

Процедура в целях предотвращения несчастных случаев и инцидентов, в рамках которой производится сбор и анализ информации, подведение итогов, в том числе выяснение причин, и, при необходимости, составление рекомендаций по обеспечению безопасности.

(ОЖ ЕС № L 319 от 12.12.1994, С. 14; Г/Ш/М, Евр. ВП, В II 1.9)

→ *Untersuchung* (dt.)

→ *investigation* (engl.)

→ *enquête* (frz.)

• Рейс, на который выдано больше брони, чем имеющихся мест

Рейс, на который авиапассажирам, своевременно явившимся к полету и выполнившим все другие условия, было выдано больше подтвреждённой брони, чем имеющихся мест.

(ОЖ ЕС № L 36 от 08.02.1991, С. 5; Г/Ш/М, Евр. ВП, В I 1.13)

P

→ *überbuchter Flug* (dt.)

→ overbooked *flight* (engl.)

→ *vol* surréservé (frz.)

• **Рекомендация** по обеспечению безопасности

Предложение по предотвращению несчастных случаев и инцидентов, которое вносит ведомство по расследованию того государства, где проводится техническое расследование на основании полученной во время расследования информации.

(ОЖ ЕС № L 319 от 12.12.1994, С. 14; Г/Ш/М, Евр. ВП, В II 1.9)

→ *Sicherheitsempfehlung* (dt.)

→ *safety* recommendation (engl.)

→ *recommandation* de sécurité (frz.)

• **Родина**

Государство-член Сообщества, в котором авиационное предприятие было основано как авиационное предприятие с целью осуществления коммерческой деятельности.

(ОЖ ЕС № L 237 от 26.08.1983, С. 19; Г/Ш/М, Евр. ВП, В I 1.1)

→ *Heimatstaat* (dt.)

→ *Home State* (engl.)

→ *État dont la compagnie aérienne est ressortissante* (frz.)

• **Руководитель** расследования

Лицо, которому на основании его квалификации передается ответственность за организацию, проведение и надзор за расследованием.

(ОЖ ЕС № L 319 от 12.12.1994, С. 14; Г/Ш/М, Евр. ВП, В II 1.9)

→ *Untersuchungsführer* (dt.)

→ *investigator*-in-charge (engl.)

→ *enquêteur* désigné (frz.)

• Бортовой **самописец**

Любой вид устройств записи данных, устанавливаемый в воздушном судне в целях облегчения расследования несчастных случаев или инцидентов.

(ОЖ ЕС № L 319 от 12.12.1994, С. 14; Г/Ш/М, Евр. ВП, В II 1.9)

→ *Flugschreiber* (dt.)

→ *flight* recorder (engl.)

→ *enregistreur* de bord (frz.)

C

• **Сезон** расписания полетов

→ *Flugplanperiode* (dt.)

→ *scheduling period* (engl.)

→ *période de planification horaire* (frz.)

• **Сертификат** эксплуатанта

Разрешение, выдаваемое авиационному предприятию компетентным государством-участником, и, в зависимости от его содержания, дающее предприятию полномочия перевозить пассажиров, почту и/или груз в коммерческом воздушном сообщении.

(ОЖ ЕС № L 240 от 24.08.1992, С. 1; Г/Ш/М, Евр. ВП, В II 1.8)

→ *Betriebsgenehmigung* (dt.)

→ *operating licence* (engl.)

→ *licence d'exploitation* (frz.)

• **Сертификат** эксплуатанта

Сертификат, выданный компетентными органами государств-членов Сообщества предприятию или группе предприятий, в котором данному предприятию подтверждается профессионализм и наличие в нем организационной структуры для обеспечения безопасной эксплуатации воздушных судов в соответствии с названными в сертификате видами авиатранспортной деятельности.

(ОЖ ЕС № L 240 от 24.08.1992, С. 1; Г/Ш/М, Евр. ВП, В II 1.8)

→ *Luftverkehrsbetreiberzeugnis* (dt.)

→ *air* operator certificate (AOC) (engl.)

→ *certificat* de transporteur aérien (AOC) (frz.)

• **Сертификация** (продукции, услуги, ведомства или лица)

Правовое признание того, что продукция, услуга, служба или лицо соответствуют требованиям действующих предписаний. Процесс такой сертификации проводится в два этапа:

– проверка того, что продукция, услуга, служба или лицо отвечают действующим требованиям, что называется „технической процедурой признания"

– правовое действие формального признания этого соответствия действующим предписаниям означает оформление свидетельства, разрешения или сертификата или другого документа в установленной национальными правовыми и процедурными предписаниями форме, что называется „официальной процедурой признания".

(ОЖ ЕС № L 373 от 31.12.1991, С. 4; Г/Ш/М, Евр. ВП, В II 1.6)

C

• Несчастный **случай**

Происшествие при эксплуатации воздушного судна, начиная с посадки участников полета и вплоть до их выхода из самолета, если при этом

1. участник полета был смертельно или тяжело ранен

– на борту воздушного судна или

– вследствие прикосновения к воздушному судну или какой-либо его части, даже в том случае, если эта часть отделилась от воздушного судна, или

– вследствие действия реактивной струи двигателя,

разве только, что эти ранения были нанесены самим пострадавшим или другим лицом, или же они объясняются другой естественной причиной или эти ранения были нанесены посторонними лицами, которые скрывались, как правило, в недоступных авиапассажирам или членам экипажа местах, или

2. воздушное судно или отсек воздушного судна получили повреждение и

– в связи с этим пострадали: несущая система воздушного судна, летные характеристики или летные данные и

– устранение этих повреждений, как правило, потребовало бы большого ремонта или замены поврежденной части воздушного судна,

разве только, что после повреждения или отказа двигателя повреждения воздушного судна ограничиваются повреждением соответствующего двигателя, его обшивки или его деталей или, что это повреждение воздушного судна ограничивается повреждением исключительно воздушных винтов, концевых частей крыла, радиоантенн, шин, тормозов, обтекателей или небольшими вмятимами или отверстиями в обшивке, или

3. воздушное судно считается пропавшим или к нему нет никакого доступа.

(ОЖ ЕС № L 319 от 12.12.1994, С. 14; Г/Ш/М, Евр. ВП, В II 1.9)

→ *Unfall* (dt.)

→ *accident* (engl.)

→ *accident* (frz.)

• Соглашения

Достигнутые в рамках Европейской конференции по гражданской авиации (European Civil Aviation Conference - ECAC) соглашения о сотрудничестве при разработке и претворении в жизнь совместно подготовленных правил для всех областей, связанных с безопасностью и надежной эксплуатацией воздушных судов. Эти

RUSSISCH

C

соглашения приведены в *Приложении I [этой Дчрективы]*.

(ОЖ ЕС № L 373 от 31.12.1991, С. 4; Г/Ш/М, Евр. ВП, В II 1.6)

→ *Vereinbarungen* (dt.)

→ *arrangements* (engl.)

→ *arrangements* (frz.)

• Межрегиональное воздушное **сообщение**

Регулярное воздушное сообщение, на которое может быть выдано разрешение по *статье 1*.

(ОЖ ЕС № L 237 от 26.08.1983, С. 19; Г/Ш/М, Евр. ВП, В I 1.1)

→ *Interregionaler Flugverkehr* (dt.)

→ inter-regional *air service* (engl.)

→ *service aérien* interrégional (frz.)

• Регулярное воздушное **сообщение**

Серия полетов, каждый из которых обладает следующими признаками:

В соответствии со *статьей 1 [этой Директивы]* полет подлежит оплате, при этом приобретение мест на такие полеты доступно каждому.

Он служит для перевозок между двумя или несколькими зафиксированными пунктами

1. по опубликованному расписанию полетов или

2. организовано настолько регулярно и часто, что в этом прослеживается систематизм.

(ОЖ ЕС № L 237 от 26.08.1983, С. 19; Г/Ш/М, Евр. ВП, В I 1.1)

Серия полетов со следующими признаками:

они осуществляются в воздушном пространстве над суверенной территорией нескольких государств-членов Сообщества.

Они осуществляются воздушными судами для коммерческой перевозки пассажиров или пассажиров и груза и/или почты, при этом на каждый полет в открытую (розничную) продажу предлагаются места либо самим авиационным предприятием, либо уполномоченными им агенствами,

Они служат для перевозок между двумя или несколькими зафиксированными пунктами

1. по опубликованному расписанию полетов или

2. организовано настолько регулярно и часто, что в этом прослеживается систематизм.

(ОЖ ЕС № L 217 от 11.08.1992, С. 1; Г/Ш/М, Евр. ВП, В I 1.9)

Серия полетов со следующими признаками:

Они осуществляются воздушными судами для коммерческой перевозки пассажиров или пассажиров и груза и/или почты, при этом на каждый полет в открытую (розничную) продажу предлагаются места либо самим авиационным предприятием, либо уполномоченными им агенствами,

Они служат для перевозок между двумя или несколькими зафиксированными пунктами

1. по опубликованному расписанию полетов или

2. организовано настолько регулярно и часто, что в этом прослеживается систематизм.

(ОЖ ЕС № L 240 от 24.08.1992, С. 8; Г/Ш/М, Евр. ВП, В I 1.15)

→ *Linienflugverkehr* (dt.)

→ scheduled *air* service (engl.)

→ *service aérien* régulier (frz.)

• Регулярное воздушное **сообщение**

Ряд полетов со следующими признаками:

Они осуществляются в воздушном пространстве над государственной территорией более, чем одно государство-участник;

Они осуществляются воздушными судами для коммерческой перевозки людей или людей и грузов и/или почты, при этом на каждый рейс поступают билеты в открытую продажу (осуществляемую либо самим аваиапредприятием, либо его уполномоченными представителями);

Они служат для осуществления перевозок между одними и теми же двумя или более пунктами

- либо по официальному расписанию полетов, либо

- регулярность и частота полетов свидетельствуют о систематичности осществляемых полетов.

(ОЖ ЕС № L 374 от 31.12.1987, С. 12; Г/Ш/М, Евр. ВП, В I 1.6)

(ОЖ ЕС № L 374 от 31.12.1987, С. 19; Г/Ш/М, Евр. ВП, В I 1.7)

→ *Fluglinienverkehr* (dt.)

→ schedules *air services* (engl.)

→ *service aérien régulier* (frz.)

• Морское сообщение внутри **Сообщества**

Рейс между двумя портами Сообщества без промежуточного захода в другой порт на морском судне, которое обеспечивает регулярную связь между двумя или несколькими портами Сообщества.

(ОЖ ЕС № L 374 от 31.12.1990, С. 4; Г/Ш/М, Евр. ВП, В IV 1.4)

→ *innergemeinschaftliche Seereise* (dt.)

→ intra-Community *sea-crossing* (engl.)

→ *traversée* maritime intracommunautaire (frz.)

C

• Стандартные грузовые **ставки**

Суммы, которые авиационное предприятие, как правило, ставило бы в счет за грузовые перевозки, и условия, при которых эти размеры оплаты действуют, несмотря на возможные специальные скидки.

(ОЖ ЕС № L 36 от 08.02.1991, С. 1; Г/Ш/М, Евр. ВП, В I 1.12)

Тарифные цены, которые, как правило, назначало бы авиационное предприятие, включая обычные скидки.

(ОЖ ЕС № L 240 от 24.08.1992, С. 15; Г/Ш/М, Евр. ВП, В I 1.16)

→ *Standardfrachtraten* (dt.)

→ standard *cargo* rates (engl.)

→ *tarifs* de fret standard (frz.)

• Воздушное **судно**, используемое в спортивных или деловых целях

Частное воздушное судно, маршрут которого определяется участниками полета по собственному усмотрению.

(ОЖ ЕС № L 374 от 31.12.1990, С. 4; Г/Ш/М, Евр. ВП, В IV 1.4)

→ *Sport- oder Geschäftsluftfahrzeug* (dt.)

→ *tourist* or business aircraft (engl.)

→ *aéronefs* de tourisme ou d'affaires (frz.)

- ## Спортивное воднотранспортное **судно**

Частное воднотранспортное судно, которое используется в целях проведения путешествий и маршрут которого выбирается участниками путешествия по собственному усмотрению.

(ОЖ ЕС № L 374 от 31.12.1990, С. 4; Г/Ш/М, Евр. ВП, B IV 1.4)

→ *Wassersportfahrzeug* (dt.)

→ *pleasure* craft (engl.)

→ *bateaux* de plaisance (engl.)

- ## Главное информационное **табло**

Табло, содержащее исчерпывающую информацию нейтрального характера с данными об авиационном сообщении между городами в определенный промежуток времени.

(ОЖ ЕС № L 220 от 29.07.1989, С. 1; Г/Ш/М, Евр. ВП, B I 1.8)

(ОЖ ЕС № L 333 от 31.12.1993, С. 37; Г/Ш/М, Евр. ВП, B I 2.14)

→ *Hauptanzeige* (dt.)

→ *princpal* display (engl.)

→ *affichage* principal (frz.)

T

• Базисный **тариф**

Самая низкая максимально гибкая цена, предлагаемая на простые полеты и на полеты в оба конца в тех же пределах, в которых действует любая другая максимально гибкая цена на той же воздушной линии.

(ОЖ ЕС № L 240 от 24.08.1992, С. 15; Г/Ш/М, Евр. ВП, В I 1.16)

→ *Grundpreis* (dt.)

→ *basic* fare (engl.)

→ *tarif* de base (frz.)

• Основной **тариф**

Обычный авиационный тариф экономического класса, принятый в регулярном воздушном сообщении, применяемый авиационным предприятием по праву третьей или четвертой свободы на соответствующей линии; если таких тарифов больше, чем один, то за основу берется средний уровень, если нет других двусторонних соглашений; если обычного тарифа экономического класса не существует, то следует брать самый низкий тариф, характеризующийся абсолютной гибкостью.

(ОЖ ЕС № L 374 от 31.12.1987, С. 12; Г/Ш/М, Евр. ВП, В I 1.6)

Обычный в регулярном воздушном сообщении

тариф для полета в одну сторону или же для полета туда и обратно в экономическом классе, применяемый авиационным предприятием по праву третьей или четвертой свободы на соответствующей линии; если таких тарифов больше, чем один, то за основу берется средний уровень, если нет других двусторонних соглашений; если обычного тарифа экономического класса не существует, то следует брать самый низкий тариф, характеризующийся абсолютной гибкостью.

(ОЖ ЕС № L 217 от 11.08.1990, С. 1; Г/Ш/М, Евр. ВП, В I 1.9)

→ *Bezugstarif* (dt.)

→ *reference fare* (engl.)

→ *tarif de référence* (frz.)

• **Тарифы**

Цены на авиационные услуги, не предлагаемые в пакете услуг и условия, в которых эти цены действуют.

(ОЖ ЕС № L 220 от 29.07.1989, С. 1; Г/Ш/М, Евр. ВП, В I 1.8)

Цены на авиационные услуги и условия, в которых эти цены действуют.

(ОЖ ЕС № L 333 от 31.12.1993, С. 37; Г/Ш/М, Евр. ВП, В I 2.14)

T

Цены в ЭКЮ или местной валюте, по которым авиапассажиры за свою перевозку и перевозку своего багажа в сфере воздушного сообщения производят оплату, поступающую на авиационное предприятие или в уполномоченные им агентства, а также возможные условия, в которых эти цены действуют, включая оплату и условия, которые предоставляются агентствам и другим вспомогательным службам.

(ОЖ ЕС № L 240 от 24.08.1992, С. 15; Г/Ш/М, Евр. ВП, В I 1.16)

→ *Flugpreise* (dt.)

→ *fares; air* fares (engl.)

→ *tarif* (frz.)

• **Тарифы** в регулярном воздушном сообщении

Оплата, которая должна быть произведена в соответствующей национальной валюте для перевозки людей и багажа в рамках регулярного воздушного сообщения, а также условия, в которых действует эта оплата, включая цены и условия, которыми пользуются агентства и другие вспомогательные службы.

(ОЖ ЕС № L 374 от 31.12.1987, С. 12; Г/Ш/М, Евр. ВП, В I 1.6)

→ *Fluglinientarife* (dt.)

→ scheduled air fairs (engl.)

→ tarifs aériens réguliers (frz.)

• **Тарифы** на регулярные полеты

Те цены, по которым должна осуществляться оплата в национальной валюте, на перевозку лиц и багажа в рамках регулярных полетов, а также те условия, при которых эти цены действуют, включая цены и условия, предоставляемые агентствам и другим вспомогательным службам.

(ОЖ ЕС № L 217 от 11.08.1990, С. 1; Г/Ш/М, Евр. ВП, В I 1.9)

→ *Linienflugtarife* (dt.)

→ scheduled *air* fares (engl.)

→ *tarifs aériens* réguliers (frz.)

• Грузовые **тарифы**

Оплачиваемые в соответствующей национальной валюте суммы денег для перевозки грузов и условия, в которых эти грузовые тарифы действуют, включая оплату и условия, которые предоставляются агентствам и другим вспомогательным службам.

T

(ОЖ ЕС № L 36 от 08.02.1991, С. 1; Г/Ш/М, Евр. ВП, В I 1.12)

Выраженные в ЭКЮ или в национальной валюте цены за перевозку груза, а также условия, в которых эти цены действуют, включая оплату и условия, предоставляемые агентствам и другим вспомогательным службам.

(ОЖ ЕС № L 240 от 24.08.1992, С. 15; Г/Ш/М, Евр. ВП, В I 1.16)

→ *Frachtraten* (dt.)

→ *cargo* rates (engl.)

→ *tarifs* de fret (frz.)

• Посадочные **тарифы**

Это цены, выраженные в ЭКЮ или в национальной валюте, по которым чартерные организации в рамках авиаперевозок должны оплатить авиапредприятиям свою собственную перевозку или перевозку своих клиентов, багажа, а также другие условия, при которых действуют эти цены, в том числе размеры оплаты и условия, которые предлагаются агентствам и другим вспомогательным службам.

(ОЖ ЕС № L 240 от 24.08.1992, С. 15; Г/Ш/М, Евр. ВП, В I 1.16)

→ *Sitztarife* (dt.)

→ *seat* rates (engl.)

→ *prix* d'affrètement par siège (frz.)

• Чартерные **тарифы**

Цены в ЭКЮ или в национальной валюте, по
которым авиапассажир платит фрахтователю за
услуги, заключающиеся исключительно в его
авиационной перевозке и перевозке его багажа
или также другие услуги, включаемые туда
дополнительно, а также существующие условия,
в которых действуют эти цены, включая оплату и
предоставление условий агентствам и другим
вспомогательным службам.

(ОЖ ЕС № L 240 от 24.08.1992, С. 15; Г/Ш/М, Евр.
ВП, В I 1.16)

→ Charterpreise (dt.)

→ *charter fares* (engl.)

→ *tarif charter* (frz.)

• **Только** продажа мест

Только продажа мест (без предоставления
дополнительных услуг, таких, например, как
размещение в гостинице), осуществляемая
непосредственно авиационным предприятием,
его агентствами или чартерной организацией,
гражданам.

(ОЖ ЕС № L 240 от 24.08.1992, С. 8; Г/Ш/М, Евр.
ВП, В I 1.15)

→ *Nur-Sitzplatzverkauf* (dt.)

→ *seat-only* sales (engl.)

→ *vente* de sièges (frz.)

У

• Тяжелое **увечье**

Увечье, нанесенное лицу при несчастном случае и

1. требующее пребывания в больнице не менее 48 часов в течение семи дней после нанесения увечья или

2. вследствие которого произошли переломы кости (за исключением простых переломов пальцев рук, пальцев ног или носа) или

3. вследствие которого имеют место рваные раны, обуславливающие в свою очередь сильные кровотечения или повреждения нервных, мускульных или сухожильных связок или

4. вследствие которого произошли повреждения внутренних органов или

5. вследствие которого имеют место ожоги второй и третьей степени или пораженные ожогом участки тела составляют более пяти процентов общей площади кожного покрова или

6. вследствие документально подтвержденного выделения инфекционных веществ или вредноносных излучений.

(ОЖ ЕС № L 319 от 12.12.1994, С. 14; Г/Ш/М, Евр. ВП, В II 1.9)

→ *schwere Verletzung* (dt.)

→ serious *injury* (engl.)

→ *blessure* grave (frz.)

• Авиатранспортная **услуга**

Авиатранспортная услуга, предлагаемая самостоятельно или в составе пакета услуг.

(ОЖ ЕС № L 220 от 29.07.1989, С. 1; Г/Ш/М, Евр. ВП, В I 1.8)

Перевозка авиапассажира воздушным судном между двумя аэропортами вместе со всеми связанными с перевозкой побочными и дополнительными услугами, которые предлагаются и/или продаются в качестве составной части этого пакета услуг.

(ОЖ ЕС № L 333 от 31.12.1993, С. 37; Г/Ш/М, Евр. ВП, В I 2.14)

→ *Luftverkehrsprodukt* (dt.)

→ *air* transport product (engl.)

→ *produit* de transport aérien (frz.)

• Самостоятельная авиатранспортная **услуга,** не включаемая в пакет услуг

Перевозка авиапассажира воздушным судном между двумя аэропортами, включая все тесно связанные с ней побочные и дополнительные услуги, которые предлагают и/или продают в качестве составной части этой самостоятельной услуги.

(ОЖ ЕС № L 220 от 29.07.1989, С. 1; Г/Ш/М, Евр. ВП, В I 1.8)

У

→ *ungebündeltes Luftverkehrsprodukt* (dt.)

→ unbundled *air* transport procduct (engl.)

→ *produit* de transport aérien (frz.)

• Интенсификация **услуг**

Продукция или услуга, которую продавец компьютерной системы предлагает по собственному почину вместе с компьютерной или оборудования гражданской авиации.

(ОЖ ЕС № L 373 от 31.12.1991, С. 4; Г/Ш/М, Евр. ВП, В II 1.6)

→ *Leistungsstärkung* (dt.)

→ *service* enhancement (engl.)

→ *amélioration* de service (frz.)

• Пакет авиатранспортных **услуг**

Заранее подготовленная и предлагаемая или продаваемая по общей цене комбинация отдельных авиационных услуг вместе с другими услугами, которые не являются побочными при перевозке на воздушном судне.

(ОЖ ЕС № L 220 от 29.07.1989, С. 1; Г/Ш/М, Евр. ВП, В I 1.8)

→ *gebündeltes Luftverkehrsprodukt* (dt.)

→ bundled *air* transport product (engl.)

→ *produit* des transport aérien (frz.)

• Совершенствование **услуг**

Продукция или услуги, не открывающие каналов сбыта, однако предлагаемые в связи с компьютерной системой бронирования самим продавцом системы своим абонентам.

(ОЖ ЕС № L 220 от 29.07.1989, С. 1; Г/Ш/М, Евр. ВП, В I 1.8)

→ *Verbesserung der Leistung* (dt.)

→ *service* enhancement (engl.)

→ *amélioration* de services (frz.)

• **Элемент** конструкции

Материал, компонент или узел, который не учитывается в *определениях б)* (→ *Продукция)* и *в)* (→ *Оборудование)* и который предназначен для воздушных судов, двигателей, воздушных винтов или оборудования гражданской авиации.

(ОЖ ЕС № L 373 от 31.12.1991, С. 4; Г/Ш/М, Евр. ВП, В II 1.6)

→ *Bauteil* (dt.)

→ *component* (engl.)

→ *élément* (frz.)

RUSSISCH

Э

• Эксплуатант

Физическое лицо с местом жительства в государстве-члене Сообщества или юридическое лицо с юридическим адресом в государстве-члене Сообщества, которое в соответствии с действующими в этом государстве-члене Сообщества правовыми предписаниями занимается эксплуатацией одного или нескольких воздушных судов, или авиационное предприятие в рамках Сообщества согласно формулировке в правовых предписаниях Сообщества.

(ОЖ ЕС № L 373 от 31.12.1991, С. 4; Г/Ш/М, Евр. ВП, В II 1.6)

Лицо, учреждение или предприятие, которе занимается эксплуатацией или намеревается заняться эксплуатацией одного или нескольких воздушных судов.

(ОЖ ЕС № L 319 от 12.12.1994, С. 14; Г/Ш/М, Евр. ВП, В II 1.9)

→ *Halter* (dt.)

→ *operator* (engl.)

→ *exploitant; opérateur* (frz.)